U0079124

나의 다정하고 무례한 엄마

如何相愛 不相害

從依附、怨懟、到彼此成全，
透過家族治療，探索影響你一生家庭關係的自我成長修復書

韓國資深家庭諮詢師
李南玉——著
이남옥

三十多年的諮商經驗令我相信，
每個深沉傷痛，都有其價值。

目錄

Part 2 關係修復的開始：了解你的原生家庭

Part 3 找回關係療癒力：改寫心中的「家」的模樣

從我們的根找尋力量——關於家族治療

創造屬於我們的新故事——關於家族排列

從你成長的所在，看見關於你的生命軌跡

在諮商工作裡，有一樣工具稱為「家族圖」。使用起來是這樣的：正方形符號代表男性、圓形符號代表女性。當我們把兩個符號用線條相連時，表示他／她們有婚姻關係。線條中間往下，可以畫出下一代的孩子。每個符號也還可以再往上拉出一條線，畫出每個人各自的父母。透過符號象徵，心理師便能快速理解眼前這位個案，他／她所屬的家庭樣貌。

家族圖實用之處還不僅如此。心理師會帶著個案，一個個去了解這些家族成員。他／她幾歲？身體健康嗎？從事什麼工作？你跟這個人親近嗎？他跟誰比較好？跟誰處不來？你會怎麼形容這個人的個性？……透過這些探問，能讓一些家庭成員間的動力慢慢浮現。特別是在家族治療進行的過程，家族圖，常能幫助個案找到不同的觀點，看待已經存在的困擾或現象。

在閱讀《如何相愛不相害》一書時，各種家族圖的畫面不時出現在我的腦海中。書裡介紹了許多個案前來求診的煩惱。如果我們只以「個案」為單一視角，短時間內不一定能找到什麼新發現。但若能把視角放大一點，把整個家庭結構帶進諮商過程，許多「為什麼」就有機會慢慢水落石出。

好比，在書裡出現過的幾句話：「當媽媽不像媽媽時，必定是媽媽的心裡有傷痕」、「未分化的父母也會把自己未能實現的願望，加諸於子女身上，認為子女的表現就是自己的表現」。這些現象，呈現在家族圖上，就是一種「複製」於上一代、「貼上」於下一代的代間循環。

一個小孩在童年時期的教養環境裡受過重傷、帶著過多未被滿足的需求長大（這是一種不穩定的依附關係）。這個孩子長大，自己也成為媽媽之後，那些在她童年過往經驗過的什麼，也很容易在無意識中複製到她的孩子身上。

之於個案，看見這樣的「複製」、「貼上」，有時會讓人鬆了一口氣。理解到原來事出必有因。更積極地說，這種發現與覺察，其實也可以是一種力量。若我們願意花點時間去理解，找出關鍵，或許就有機會跳出這樣的循環，從自己這邊開始，在未來做出不一樣的選擇。

本書提到的各種案例，其實都很典型。不管是女性或男性讀者，都能參照這些案例來一邊整理自己過往的經驗。也許你會在某些段落中，感覺自己被理解了。更重要的是，若你看見了一些曾被遺忘的傷口，不時隱隱作痛時，請別忘了，可以找位專業的引路人（心理師、精神科醫師、社工師等），陪你一起慢慢、好好地療傷。

蘇益賢／臨床心理師、初色心理治療所副所長

母親給的傷痕，孩子如何療傷？

傳統的人們總說：「天下無不是的父母」或「父母都是愛孩子的」這樣的話語，但在我看來，這句話應該倒過來：「天底下沒有不愛父母的孩子」。因為在天性上，孩子都是依戀著親生的父母，情感上渴望著父母的愛，也深愛著父母，特別是和母親之間，有著緊密的情感相繫，彷彿想和自己的母親有著密不可分、形影不離的關係。

正因為這樣的天性，這一份愛的情感依戀，有不少人在漸漸成長的過程，開始經歷和母親之間（這位愛的依戀對象）非常真實的關係失落、衝突和挫折沮喪，不乏經歷大小不一的打擊。慢慢地，那一份愛的依戀情感會開始經驗各種的磨損，在親子關係之間，會凝結成大大小小的傷痛與失落。

我們沒有完美的家庭和童年，當然也不會存在完美的父母和孩子，在真實的生活處境下，我們都是一個個既脆弱又必須強韌、既恐懼又必須勇敢的生命。

當父母和孩子成為一段親子親緣關係時，已預告將成為彼此生命裡最重要的他人，然而這原本希冀是體驗到愛與幸福的關係，卻可能是讓人感到最痛心和最失落的來源。

本書的作者韓國李南玉教授，是德國心理學博士和心理諮詢師，具有超過三十年的諮商治療經驗，以她精闢的見解、專業的學理，還有對心理受傷受創個體的關切，對於在母愛中受傷的孩子，她提出如何療心、自我修復的專業觀點。如果你和母親之間，有這些其實非常具有壓迫和侵略、漠視和利用的關係，你一定知道那樣的痛苦是多麼煎熬：

- 總是說「我只剩下你了」，不斷訴說自己悲慘遭遇，要求你擔負照顧她的責任的媽媽
- 總是對兄弟姐妹百般呵護，卻對你視而不見，強烈讓你感受到忽略與不公平的媽媽
- 總是以「我這樣做都是為你好」，情緒勒索你順從及符合期待的媽媽
- 總是把爸爸變成敵人，讓你在家中彷彿在戰場，總要選邊站、宣示效忠的媽媽

因為內心對母親充滿諸多情感需求，因為內心想要證實自己是被接納和愛的小孩，你總是不停討好，盡一切努力去討好媽媽，想要從媽媽的眼中確認你的存在價值，終於被認可。

近幾年來，不論歐美、日韓的心理治療專業都在探討母愛創傷（媽媽給子女的傷痛）對於自我功能的損害，以及對心理健康的危害。負面童年經驗

更是被大量的研究證實，是造成我們身心症狀、身體疾病、精神耗弱的來源。持續地否認，迴避及壓抑曾經有過的傷痛，以及漠視自己身心承受的關係壓力，並不能讓我們的生命真實獲得修復和療癒，也會延緩我們重拾健康人生的機會。你需要了解，你有權利為自己療傷，只要你想要愛回自己的生命，你可以終止那些傷害你的行為，啟動內在的復原力，治癒自己的人生。

蘇絢慧／諮商心理師、心理療癒叢書作家

推薦文（二）

瞭解家人的同時，我們也更瞭解自己

這本書談論對大家最重要的「媽媽」，任何人都是透過媽媽，才得以來到這個世界。

值得注意的是，孩子和媽媽的關係，會隨著家庭、家族體系的結構變化而改變。孩子在原生家庭中所扮演的角色，及其象徵意義，會對孩子組成自己的家庭、成為媽媽後，在現在家庭中的夫妻關係、親子關係造成影響。例如，媽媽在原生家庭中的出生是否備受期待？是否為希望的性別？個性得不得人疼？為家中第幾個孩子？父母有提供她安全感嗎？需不需要承擔家計？假若媽媽的父母沒有解決問題的能力，媽媽很可能在無意間仿效父母的行為。即便生在同一個家庭，每個孩子的性格不同，父母很難同等對待，親子相處模式自然也各異。換句話說，孩子和媽媽的關係、媽媽和其原生家庭的關係，可說是一環扣著一環。

本書以系統性的家族治療觀點，提出改善家庭關係與親密關係的方針。其中，父母和子女的人生目標為何、彼此是否形成安全而穩定的依附關係、關係中的正向經驗、自我價值的建立與否等，皆會影響子女成長。成長過程中受的傷，往往會烙印在孩子的腦海中。而系統性家族治療，正是為了幫助每個人克服家族中的創傷、創造更好的未來而誕生。

本書作者李南玉教授，累積數十年的家族系統治療經驗，擁有治癒家族創傷的特別能力。希望這本書能幫助讀者更瞭解自己與家人，特別是媽媽的生命，進而享有更豐富幸福的人生。

——迎接費希塔大學的春天

Prof. Dr. Peter Kaiser／德國費希塔大學心理學教授

推薦文（二）

家族治療帶來的溫暖與安慰

家庭諮商權威李南玉教授出版此書，主要談論關於「父母和子女的關係」。教授在過去三十多年累積無數的諮商經驗，不僅在韓國首屈一指，在德國、中國等地的家族治療領域也備受認可。

人最基本的關係，就是由父母和子女、先生和太太的家庭關係出發。家人是最親近與最真實的關係，其中除了愛以外，也摻雜了怨恨、矛盾、失望、感謝、憤怒、害怕等各式各樣的情感。這樣複雜的情感在長久糾葛之下，可能在無意中造成彼此無法挽回的傷痕。

家人之間的各種情感與糾葛中，最微妙又深刻的，非「與媽媽的關係」莫屬。本書作者從心理學的角度觀察，以親切又溫暖的筆觸提出家族治療方案，幫助安撫來自媽媽的傷痕與矛盾，期盼能化解大家長期積累的誤解與絕望，透過理解與安慰，轉化子女心中的矛盾與憤怒。

李南玉教授曾對我說：「看著那些因家庭諮商而化解糾葛、撫平傷痛的家人，總會帶給我無可取代的希望與喜悅」。聽聞教授的理念後，每每見到教授，總是倍感溫暖真摯。

我們現在正面臨社會體系的劇變，包含經濟、政治、文化、社會結構等。在變化的漩渦中，傳統的家庭關係早已完全改變，不過，神奇而幸運的是，即使在如此的變化與潮流中，人類的初心與本質並沒有太大的改變。在我們心中，仍存在真善美，仍渴求人際關係中的愛與純粹，我們仍盼望幸福的家庭關係與溫暖的人際互動。

閱讀這本以心理學出發，探討父母和子女的關係與家族治療過程、幫助改善家庭關係的書籍，可以感受到作者極力想幫助人們的「心」復原的努力。作者以身為女兒，同時也為人母的身分，對於此主題見解獨到。相信讀者透過本書，能得到無比的安慰與療癒。

李惠成／韓國諮商研究院校長

作者序

看見深沉傷痛的價值

「我一輩子都在怨恨媽媽，彷彿耗盡了所有的精力。聽到人家說『好想念媽媽』時，我完全沒有同感。也許是因為沒有得到媽媽的愛，讓我一直沒有自信，在關係裡時常感到恐懼不安。長大之後，甚至出現恐慌症。面對有好感的異性時，我總會不自覺地想，為什麼會喜歡像我這樣平凡無奇的人呢？我實在不懂。活到現在，我似乎已經認定自己絕對無法幸福。」

前來諮商的人，大多數對媽媽的記憶，都有著傷痛、否定的認知。隨著諮商愈來愈深入，我發現有心理問題的諮商者，最根本的原因之一，就在於年幼時期和媽媽的關係不佳，早在心中埋下了傷痛。年幼時期和媽媽的依附關係產生問題的人，在諮商治療的過程，十分不容易。

為了讓他們從被悲傷所掩蓋的生命看見希望，我希望更深入了解他們和媽媽的關係。我希望讓他們知道，不論內心的情感是憤怒、恐懼、灰心……，都不會再影響自己可貴的生命，並且有能力找回原本的自我，建立穩定的關係。為了達成這個目標，必須重新找回「我的媽媽」。要了解自己和媽媽的關係，從什麼時候開始破裂、生命以何種面貌呈現、要如何面對與克服，並且和媽媽維持適當的距離。

當媽媽不像媽媽時，必定是媽媽的心裡有傷痕。

若能徹底了解媽媽、了解自己心裡的傷，透過一邊持續了解自己，一邊回顧自己和媽媽的關係，就不容易再把責任歸咎於一方。這樣的來談者往往也能發現諮商過程對話的意義，並能逐漸擺脫傷痛。

「媽媽」這個存在，象徵著一位在自己辛苦、困頓時，絕對不會輕易離開的對象，對每個人來說，絕對是重要而特別的存在。因此，不能以單純的兩個人的關係，而是要從「家族」的概念來理解。雖然一般大眾對「家族」這個概念還不熟悉，但我希望傳達過去數十年感動我至深的，也是我所致力的家族治療，希望大家對媽媽產生全新的見解，並且認知自己內心的力量從何而來。透過這個力量，更可以喚醒自己和家人間潛在的療癒力。

寫下這本書的同時，也讓我自己更深度回顧和媽媽的關係。我的人生中，同樣面對過無法預期的困難，也曾經改變過職涯方向。當時徬徨的我，想起了和媽媽的記憶。無論在任何情況都會直面困難的媽媽，為我建立了生命的方向。記憶中，媽媽常常掛在嘴邊的是，如果想要盡孝道，就要活得幸福，並且做對社會有貢獻的事。也許正因為如此，我一直希望自己能當個對他人有幫助的人。

即使外表看來完美的人、看來健全的家庭，仔細察看，也都必然有各自的傷痛。我透過讓來談者更了解他們的媽媽，也看見了深沉傷痛的價值。

這本書的內容，取之於我超過三十年的諮商經驗，書中將大家的故事重新編寫呈現。這是我曾經感受到的生命之美，有悲傷也有驚奇，更是大家寶貴的生命紀錄。跨出艱困的步伐、勇敢面對自己的傷痕的人們，也讓我重新看待生命的意義。

感謝出版本書的出版社和社長，提供我許多幫助，也給予許多回饋，讓這本深藏我心中的書籍，終於得以問世。

我的所有學術知識，可說都取之於 Peter Kaiser 教授。教授提供我許多幫助與教導，讓我得以成為家族心理學者、家族治療專家。尤其為我撰寫本書的推薦序，給了我無比的力量。另外，我也想要對我十分尊敬的韓國諮商研究院的李惠成校長表示真心的感謝，教授百忙中抽空審稿，並且給予溫暖的建言，讓我更有勇氣踏出這一步。

此外，很感謝我的家人讓我學習審視人生，他們是我安身的所在。無比支持我的先生、為我帶來喜悅的女兒，讓我的人生十分充實，很感謝他們。與此同時，我更要感謝無論悲傷與沉痛，都展現美麗姿態的每個母親。

這本書對我來說，不僅是感謝，也是成長。提筆寫這本書時，我的腦中浮現了無數的臉龐，原來，我的心承載了如此多的故事。

希望這本書能幫助因媽媽而惶惶不安的你，能癒合傷口、重新出發，也十分盼望那些過去因傷痕和恐懼而推開媽媽的人，能重新面對媽媽。

——感受我們內心茂盛的生命力

李南玉

Part 1

關係的根本：了解自己的「依附類型」

在心中遇見能溫柔擁抱自己的母親

每個人都有能力自我療癒

長期投入諮商工作的我，對於人們所擁有的韌性總是倍感驚訝。因為承受不了痛苦、滿臉憂愁地走進諮商室的人們，在諮商的同時，也鼓起勇氣面對自己的狀況，在了解自己與家人後，黯淡的眼神浮現出希望，臉上也逐漸透出笑意。在聆聽來談者的深沉傷痛時，我的心往往也刺痛著，然而，我更為他們所展現的強韌恢復力而驚奇、驚喜。

所謂諮商，是讓來談者了解「沒有絕對的加害者，也沒有絕對的被害者」的過程，以及，自己不是無力的存在，自己所能產生的影響力，其實遠比自己所想的還要大。自己並非無力做任何事，而是只要改變想法，就能讓許多事情產生改變、對未來產生期待，我們也能和畏縮的、看似無力的自己和解。

「原來不是我的錯，只是當時狀況是如此；原來不是因為我無能，對方不是因為討厭我才那樣做。」

當瞭解了再也不必憤怒、不必再生活於悲傷之中，就能創造內心的自我療癒力。

曾經有一位來談者，內心滿是傷痕，他的記憶被絕望所覆蓋，不僅疏於照顧身體，情感上也十分麻木，不過，他卻透漏出一股憤怒感。在回顧過去記憶的歷程裡，他慢慢發現自己在幼年時期，父母是曾給予他關愛的，當這份正向的記憶烙印在他的心中，理解與饒恕也就在他的心中萌芽了，隨著諮商次數增加，他的狀態也出現改變。

這樣的改變，反覆發生了無數次。當來談者開始看見原先被傷痕包覆的自我價值，對世界的看法也會隨之改變。正因為如此，諮商帶給我很強烈的感動。其中，我了解到諮商最重要的，仍是諮商師與來談者必須彼此信任。不論他們懷抱著什麼樣的困難，諮商師都必須有這樣的信念：「那些困難是傷痕造成的，如果仔細觀察，那個人必然有著自己的可能性，以及自我特色與力量」。

和母親的關係，是所有關係的根本

上萬次的諮商經驗，帶給我很多領悟，也讓我重新思考「媽媽」這個角色，因為來談者心中的刺，往往都是「媽媽」。不管是激烈吵架的夫妻、和孩子處得不好的父母，或者有強烈自殺意念的病患，最根本的源頭都是「媽媽」。在諮商不順暢、來談者述說的故事看似一片混亂時，也會發現其中藏有「媽媽」的影子。儘管長期學習心理學，深知母親的角色在人們心中極其重要，但在實際諮商經驗中，我才真正了解到，如果沒有解決和母親的關係而衍生的心理問題，一個人的生命終究無法完整。

在人們的心中，有名為「媽媽」的楷模。這個楷模，若能存在適當位置、維持適當關係，我們就能與母親形成彼此獨立而健康的關係，並且可以讓我們不論身處何種情況，都能有「我是什麼樣的人、我不會輕易倒下」的信念，產生強大的自我守護力。和媽媽建立的關係，會成為子女往後人生所有關係的根本，也就是形成「基模」（Schema，指個體吸收知識的基本架構），所有關係的基礎，都取決於和媽媽的關係，或者可以說，人類最基本的與人互動的模式，就是從幼時和母親的互動模式出發。

在諮商的過程中，媽媽的角色也非常關鍵。每個人出生後，最初與他人形成的信任關係，便來自於媽媽。若是媽媽在來談者心中是能信任與依賴的存在，來談者往往也較能信任諮商師，對諮商也較容易產生「會有好結果」的想法，並且更願意投入諮商關係，進而產生正向的結果。反之，如果來談者處於對媽媽不信任、不敢依賴的狀態，那麼往往也難以投入諮商關係，容易對諮商師產生質疑，成為諮商關係中的障礙，進而感到失望，認為「諮商師就跟自己的媽媽一樣」，理所當然諮商成效不佳。當與母親的依附關係的傷痕成為心中的陰影，諮商就會變得十分困難。不過，更重要的是，讓「媽媽」這個角色再次被凸顯，以及整頓來談者的記憶的過程。

影響一生的「依附關係」：沒有被愛過的母親，如何懂得愛子女？

曾經有個不太了解兒子的媽媽來找我，這位媽媽認為兒子很不成熟，因為兒子最近總是亂發脾氣，媽媽不知道兒子埋藏在內心的痛苦，兒子則表示自己無法再扮演「乖兒子」的角色，無法再讓母親依賴。

尤其當兒子對媽媽說：「媽，我就是這樣才生氣！」媽媽卻只是簡單回應：「好，對不起。」這讓兒子的情緒無法平復，兒子接著說：「不只這樣。」媽媽則回應：「你是要告訴我你很辛苦嗎？我把你養大才辛苦。」媽媽看似理解卻又帶有比較的言語，讓母子關係更加惡化。

追根究柢，媽媽認為，自己過去沒有被父母特別呵護不也順利長大了？不懂為什麼兒子現在要對她發脾氣，也絲毫不想理解兒子的心理狀態。兒子則表示，因為體諒媽媽的辛苦，所以在自己成長過程中總是順著媽媽，扮演「乖兒子、好兒子」的角色。不過，就在兒子大學畢業進入社會後，過去積累的情緒爆發了，兒子和父母開始產生隔閡。兒子想要表達自己的受傷和疲憊，那些在幼年時期累積的傷痕轉換為滿滿的情緒，然而媽媽似乎視而不見：「我都已經辛苦把你養大了，不懂你為什麼現在要這樣。」

雖然以媽媽的立場，自己已經盡心盡力撫養孩子，但這位媽媽在成長過程中並沒有獲得父母的關照，自然也不了解要如何給子女正確的愛。在這個情況下，必須了解媽媽成長過程中所形成的「依附關係」。

「依附理論」是說明孩子與母親的關係十分重要的理論。最初提及依附理論的人，是精神分析師兼精神科醫師約翰．鮑比（John Bowlby），他以生物學的求生本能來解釋父母和子女的關係形成。

每個人出生後，最初形成的關係，就是和母親的關係。爸爸和子女、媽媽和子女的關係，在本質上是完全不同的關係。孩子會下意識認為和媽媽更親近，因為和母親的關係是決定我們是否能順利存活的必備關係。

剛出生時，都是處於手無縛雞之力的狀況，沒有辦法做出任何有助於自己生存的行動。在一歲前甚至無法行走，直到能完全獨立之前，人人都需要一段漫長的時間。因此孩子在出生後，為了生存，需要依賴媽媽，和媽媽建立關係，以免遭受危險。當孩子還小時，透過哭泣表達自己的需求，媽媽會立刻接收到訊息並做出反應，因此，依附關係是本能性的關係。形成依附關係時，若孩子的需求能被充分滿足，孩子便會對他人和環境產生正向的想法。

在這個時期，如果能獲得母親適當的照顧，便會形成「安全依附」，比如當孩子能拋出的訊號只有哭泣，媽媽能夠理解孩子的需求，是孩子不舒服？孩子肚子餓？尿布該換了？並做出反應。當然爸爸也能扮演這樣的角色，但相較之下，在生存和發展的層面，和媽媽關係更密切，媽媽也更能夠直覺反應。

當關係遭遇困難時，先檢視你的「依附類型」

當孩子透過哭泣表達需求，進而獲得滿足時，孩子會獲得三個重要訊號，並形成「安全依附」。

第一，孩子會對他人的存在產生印象，感受到：「啊，原來有人啊」，即認為「他人會配合自己」。當孩子認為他人和環境會提供自己所需，就會對他人產生正向的印象。

第二，孩子會對自己產生印象，感受自己強烈的存在。即便是還沒有任何行為能力的孩子，也可以明確感受到自我：「原來我的哭聲，可以改變世界」，感受自己擁有的能力。

第三，可以形成對關係的正向印象。「和你維持關係真好」、「關係是美好的」、「原來我們的關係可以這麼好」，孩子會對關係產生好的印象。

這三個印象，是形成安全依附的過程。形成安全依附的孩子，在成長的過程中會充滿自信、勇於挑戰。父母也能讓孩子和外界建立關係，逐漸成為獨立的個體。

若孩子與母親為「不安全依附」，與「安全依附」相較之下，孩子較難成長為自信、獨立的個體。不安全依附又分為三種，第一種為媽媽沒有給予愛的「迴避型依附」；第二種為媽媽的愛不一致的「焦慮型依附」；最後則是遭遇媽媽或主要照顧者虐待的「混亂型依附」。

「迴避型依附」來自於媽媽不照顧孩子，即使孩子嚎啕哭泣，媽媽也不做任何反應。媽媽可能因為不在孩子身邊、身體不適或其他原因而無法照顧孩子，傾向於放任孩子不管。與母親建立「迴避型依附」的孩子會經歷如下的歷程：

「原來這個世界不會配合我。」

「這個世界沒有什麼值得相信的。」

「這個世界只有我存在。」

「任何人都不關心我，在這個世界我要自己照顧自己。」

這樣的孩子因為沒有體驗到關係中的安全感，索性不建立關係，選擇獨立生存。他們心裡認定：「我要自己想辦法，因為別人不會為我做什麼」，絕對不會信任別人，深信必須仰賴自己獨自生存。如此一來，不但無法建立關係，還會成為孤獨者。當「迴避型依附者」前來諮商，往往不會述說父母的不是，他們只會說：「我父母是很優秀、很棒的人」，但也僅止於此，難以敞開心胸分享。

「焦慮型依附」則來自於雖然媽媽會給予關愛和照顧，但不是在孩子需要時，而是在媽媽心甘情願時才給予愛，所以孩子感受到的母愛不一致，時有時無。當孩子哭泣時，有時會得到媽媽的安撫，有時則被放任不管。如此一來，孩子會開始思考，如何才能得到愛。

「混亂型依附」的孩子多源自於遭受極端暴力與壓迫的成長環境，因負面經驗而造成嚴重的心理陰影，孩子心理伴隨巨大的問題。「混亂型依附」的嚴重性，足以讓孩子無法順利成長，這樣的經驗令人心痛。

媽媽和孩子的關係，是孩子和這個世界連結的基礎，也是影響孩子一輩子的根本，更是長大成家、生兒育女後，和子女相處關係的模式。因為如此，當在關係中遭遇困難時，就需要檢視「依附關係」。

陌生情境中兒童的依附行為

依附理論有個知名的實驗。繼約翰．鮑比後，繼續研究發展依附理論的是瑪麗．安思沃思（Mary Ainsworth），他透過陌生情境（Strange Situation）觀察並了解兒童的依附行為。

瑪麗．安思沃思的實驗如此進行：將媽媽和一歲前的孩子一起安排在小房間內，兩分鐘後，安排一位陌生人進入房間，同時媽媽離開房間。藉由「陌生人進入、媽媽離開」代表孩子離開媽媽的狀況。再經過二至三分鐘後，媽媽再次回到房間，過程中觀察孩子在以下三種情境下的行為：

第一，孩子和媽媽待在一起，直到媽媽準備離開時。
第二，陌生人和孩子單獨待在一起時。
第三，媽媽和孩子再次見面時。

透過孩子在各情境的行為，可以將孩子與母親的依附關係區分為：「安全型依附、迴避型依附、焦慮型依附」三種。

第一種為「安全型依附」的孩子，在媽媽離開時會有一點壓力，再次見到媽媽時很開心，並且能再次回到遊戲行為。這個類型的孩子經歷過媽媽完整滿足自己的需求，而形成安全的依附關係，對於重要的人、愛自己的人、值得信賴的對象等有了概念，孩子對他人也自然形成穩定的信賴關係。

第二種為「迴避型依附」的孩子，即使媽媽離開，也不會有反應。不論媽媽在不在場都無所謂。媽媽不在時，孩子不會進入遊戲情境，只是縮在角落，對於周邊事物也不感興趣。媽媽回來時，則會積極地迴避或忽視。孩子認為媽媽總是會離開，因此會對自我的生存和保護呈現防禦機制，這樣的孩子不會信任他人。因為主要依附者（媽媽）漠視自己的需求，導致孩子對他人沒有任何期待。孩子認為自己是不被愛的對象，同時沒有值得信賴的關係，對關係形成否定概念。

第三種「焦慮型依附」的孩子，在媽媽離開房間時，會表現出不安、生氣或哭泣，無法進入遊戲情境。即使媽媽回來了，孩子還是會覺得不舒服，並對媽媽表現出生氣、抵抗、不耐煩，但同時也表現出接觸的需求。這類型的孩子，經歷過和媽媽的互動，但由於媽媽的反應前後不一，孩子認為別人有時對自己好，有時對自己不好，總是覺得不安，也無法相信他人。儘管和他人的關係可能還不錯，但由於不知道什麼時候關係會改變，無法產生信任感，在關係中常深感不安。

之後，瑪麗·安思沃思進而在這三個類型之外，增加了「混亂型依附」。這個類型的孩子在實驗中出現肩膀往後、手往後、頭往後等身體表現。這樣的動作表示孩子承受著壓力。這一類的孩子在媽媽回來時，可能表現出呆愣的模樣，或者尋求媽媽的安撫但又突然抗拒媽媽靠近。他們對關係有著矛盾而極度不穩定的認知。

關於這幾個類型的孩子往後會如何成長，也進行了後續追蹤，包含其日後的學業、朋友關係、配偶、婚姻生活，以及和其子女的關係等。

結果顯示，「安全型依附」的孩子大抵安穩成長，與朋友關係良好，整體狀況較為穩定。因為認為世界充滿善意，所以對事情大都能正向接納。在婚姻方面，傾向選擇和自己相似、安全型依附的人結婚，成為好的依附對象，整體呈現正向循環。而「焦慮型依附」的孩子，則有不安定、不耐煩的傾向，婚姻生活較不圓滿，因為以否定的眼光看待世界，往後和孩子的關係也較多衝突。「迴避型依附」的孩子則不太能夠和他人維持長期的關係，多數過著孤獨的人生。

儘管研究結果如此，但並非就能代表所有的情況，當我們能認知到自己的狀況，並且願意改變時，未來就可能有所不同。

不同依附類型如何看待兒時記憶

特別的是，不同的依附類型，回溯過去的方式也有所不同。

我曾以媽媽為受訪者進行調查，了解她們如何教養子女。

首先，我在桌上放滿寫著各種情緒的卡片，並給予一個指示：

「回想一下你的小時候，並選出5個相關的情緒卡。」

受訪者選出5張卡片後，用那些卡片說明自己的兒時記憶。

這麼做是因為，以自己選出的「興奮」、「開心」、「煩躁」、「憂鬱」、「孤獨」等情緒詞說明自己的過去，會讓回憶更加鮮明。

這時，有的受訪者會提及許多正向記憶，也有不少受訪者主要描述的是負向記憶。

據我觀察，「安全型依附」的人，不會只說明正向的事情。她們會表達正向經驗，也會自然提到負向經驗，這是非常自然的過程。「安全型依附」的人在成長的過程中，同樣會生氣、會不安、會憂鬱。不過奇特的是，那些事情聽起來不會沉悶憂鬱，反而有些幽默。

舉例來說，我曾經聽過一個兒時幫媽媽跑腿的小故事。故事是這樣的：

有一天，兒子去幫媽媽買東西，店家找了一些零錢，兒子認為媽媽不會在意零錢，於是偷偷拿去買餅乾吃，並且向媽媽說沒有剩下的零錢，當然最後還是被媽媽發現了，當時媽媽對兒子說：「你說謊對不對？說謊是不對的！」媽媽於是罰兒子在門口罰站。比起因為被媽媽責罵而難過，自己在家門口罰站被經過的小朋友看到，丟臉的感覺更強烈。身為兒子的那位男性前來找我諮商時，提到自己無法忘懷這段記憶。

「我那時候覺得自己非常丟臉，現在偶爾還會跟媽媽聊起這件事，媽媽也覺得對我不好意思。不過現在都是笑著聊往事。」

這個故事傳達了兩件事——原諒和幽默。訴說著過去「曾經如此」，即使是負面的故事，也表現出「安全型依附」的特質，對於對方的信賴、對自己的接納、關係的恢復都在其中。正面和負面的事自然融合，能夠建立起健康的關係。

「迴避型依附」的人，則只會談論正向的事情。他們會表達：「媽媽是優秀的人，為子女做了很多犧牲」，他們只有片面的記憶，無法表達具體的回憶和當時的心情，失落了經驗和體驗。因此，只給出正面的訊息，並不代表就是「安全型依附」，必須要區分是否只說了「語言訊息」，而失去了

「具體的感覺訊息」。

「焦慮型依附者」則述說很多負向的記憶。曾有一位十歲就到別人家幫傭的來談者，她說了很多兒時關於媽媽造成的、讓她無法忘懷的負向記憶。例如有一天她因為太想見到媽媽，走了很遠的路回家，在田間小路還受了傷，但回到家後，媽媽開口對她說的第一句話卻是：「帶錢回來了嗎？」在訴說這段往事的同時，她不自覺流下淚來。

回想起來，似乎只有負向的記憶而已。焦慮型依附者訴說著受傷、心痛的故事的同時，卻也離不開父母的陰影。即使可以表明「各自過各自的人生吧」，但他們絕對不會真正離父母而去。或許他們出自於沒有得到父母的愛，所以未必能察覺，但在無意識的某處，其實留有溫暖的記憶，而且是父母主動給予的愛，但由於子女的心中已經形成了傷痕，進而表現出想疏遠父母，卻又渴望獲得父母關愛的兩難狀況。

成人依附類型測驗

了解我們在重要關係中的基本反應模式

幼年時期和主要照顧者形成的依附品質，會對往後和他人的親密關係產生影響，你的依附類型是什麼呢？請以下表檢視自己的狀況。

題號	內容	完全不符合	幾乎不符合	普通	大致符合	非常符合
1	我不想表現出對於他人的好感	1	2	3	4	5
2	我會擔心被他人丟下	1	2	3	4	5
3	我對於和他人親近感到自在	5	4	3	2	1
4	我很擔心和他人的關係	1	2	3	4	5
5	他人想要和我親近時，我會感到不安	1	2	3	4	5
6	我擔心他人對我的關心程度，不如我對他們的關心程度	1	2	3	4	5
7	他人想要和我更親近時，我會感到不自在	1	2	3	4	5

8	我十分擔心失去和我親近的人	1	2	3	4	5
9	我對於向他人敞開心胸感到不自在	1	2	3	4	5
10	我向他人展現好意時，會希望對方也這麼做	1	2	3	4	5
11	我想和他人親近，但又總會改變想法放棄	1	2	3	4	5
12	我想和他人站在同一陣線，但對方有時候會遠離我	1	2	3	4	5
13	他人和我太過親近時，我會變得敏感	1	2	3	4	5
14	我擔心最後只剩下自己一個人	1	2	3	4	5
15	我和他人表達自己的感情和想法時，感到很自在	5	4	3	2	1
16	我害怕自己會因為想要和他人親近，導致他人害怕而和我保持距離	1	2	3	4	5
17	我想要避免和他人過度親近	1	2	3	4	5
18	我經常想要確認是否得到對方的愛	1	2	3	4	5
19	我較一般人容易和他人親近	5	4	3	2	1
20	我覺得偶爾向他人展現更多的愛和關心很重要	1	2	3	4	5

21	我很難依賴別人	1	2	3	4	5
22	我不會擔心被丟下	5	4	3	2	1
23	我不喜歡和他人太過親近	1	2	3	4	5
24	如果別人不關心我，我會生氣	1	2	3	4	5
25	我會和他人說所有的事	5	4	3	2	1
26	我知道他人不想和我這麼親近	1	2	3	4	5
27	我基本上會和他人討論自己的問題和苦惱	5	4	3	2	1
28	我沒有和別人產生交流時，會感到擔心和不安	1	2	3	4	5
29	依賴他人讓我感覺自在	5	4	3	2	1
30	別人不如我想的親近時，我會感到失望	1	2	3	4	5
31	我無法向他人要求安慰、建議和幫助	5	4	3	2	1
32	如果他人拒絕我的需求，我會感到失望	1	2	3	4	5
33	當我需要依賴別人時，我會得到幫助	5	4	3	2	1
34	有人向我表示不滿時，我會感覺很糟	1	2	3	4	5

35	我的安全感和自信，都依賴他人給予	1	2	3	4	5
36	他人離開我太久，我會感到不開心	1	2	3	4	5

現在將各項目的分數依奇數、偶數題號各自加總。奇數題的分數總和代表你的「迴避分數」；偶數題的分數總和代表你的「焦慮分數」。

◎請注意題號3、15、19、22、25、27、29、31、33的分數計算方式和其餘的題號是相反的。

安全依附型	迴避分數（奇數題分數）未滿42分、焦慮分數（偶數題分數）未滿47分
焦慮依附型	迴避分數未滿42分、焦慮分數47分以上
迴避依附型	迴避分數42分以上、焦慮分數未滿47分
混亂依附型	迴避分數42分以上、焦慮分數47分以上

1. 安全依附型

我容易親近他人，不論是我依賴他人，或是他人依賴我都無妨。我不會擔心獨自一人，或是恐懼他人不接納我。

2. 迴避依附型

我對和他人親近感到不自在。我不喜歡依賴他人，也不喜歡他人依賴我。

3. 焦慮依附型

我心裡希望和他人親近，但總感覺對方似乎不想和我那麼親近。我要和人維持親密關係才會安心。

4. 混亂依附型

我無法信賴他人、維繫關係。我害怕受傷。

*成人依附類型測驗並非精準的診斷，還需要透過訪談或自我測試來進一步了解。本測試僅作為推測整體類型的參考。

不安全依附類型的母親：不擅長覺察孩子真正的需要

在「不安全依附關係」中，需要特別注意「焦慮依附型」的父母，因為這個依附類型主要受遺傳影響。焦慮依附者，會不自覺讓自己的孩子同樣陷入焦慮依附的模式。

前面提及我曾經以媽媽為對象，進行以情緒卡描述兒時記憶的訪談，除此之外，我也仔細觀察「安全依附」和「不安全依附」兩種類型的媽媽和孩子的互動。這兩類媽媽的背景相同，從懷孕到生產都對孩子充滿關愛，也都在孩子滿一歲前回歸職場工作。孩子還年幼，回到職場工作的媽媽，心情十分複雜。我決定觀察媽媽下班回家後見到孩子的狀況，結果如何呢？

觀察發現，「安全依附型」的媽媽，很開心和孩子再次見面，孩子也開心回到媽媽的懷抱中。擁抱一陣子後，孩子想從媽媽懷抱中掙脫，媽媽雖然有點不捨，但還是放開孩子，孩子開心地跑去玩玩具。這個過程非常自然。

而「不安全依附型」的媽媽回到家，一樣開心地迎接、擁抱孩子。但孩子想離開媽媽懷抱時，媽媽選擇不放開孩子，並且這麼說：

「寶貝，你怎麼這樣子，你知道媽媽整天有多想你嗎？你不知道媽媽有多愛你。」

可以發現到，當孩子提出需求時，安全依附型的媽媽，會去配合孩子的需求；而不安全依附型的媽媽，則是要求孩子先配合自己。此外，當不安全依附型的媽媽要求孩子表現：「寶貝，爬過來這裡，讓大家看看你有多厲害！」並且反覆說了幾次、孩子依然無動於衷時，那位媽媽開始拉住孩子的腳，強迫孩子爬行。

從前述可以得知，「安全依附」和「不安全依附」的媽媽對待孩子的方式，有明顯的差異。其實，要求孩子做自己期望的事，沒有意識到孩子真正想要的，這並不是代表父母不愛孩子，只是父母沒有察覺自己存在這個問題，他們認為自己已經給予孩子愛了。不過，在關係中，比起給予的人的想法，接收的人的想法更為重要，我們必須思考這一點。

修復關係的第一步：覺察

即便孩子長大成人、獨立成家，也很有可能無意識地走入與母親關係的陰影之中。

曾有一位男性前來諮商，單看外表，就可以判斷他有一定的社會地位。他的困擾在於和太太的衝突，他說自己和太太幾乎沒辦法溝通。

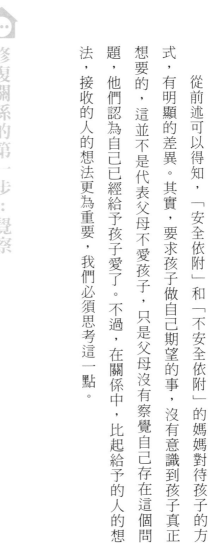

「我老婆完全不肯定我，我已經很努力賺錢，拚命想滿足她的要求，為了滿足她，我感覺我其他事都不用做了。」

了解之下，發現他和太太，一個是極度渴望被肯定的男人，一個是無法理解對方的女人。先生認為自己的父親是「沒有能力養家的男人」，於是他將自己的人生目標設定為「成為有能力的丈夫」，因為變成一個沒有能力的男人，是他這輩子中最害怕的事。婚後，太太卻經常忽略他的努力，總是要求他做得更多更好，並且不斷提高標準。

太太的成長過程則是如此：當她需要父母的幫助時，並沒有得到父母的愛。太太沒有得到愛的記憶，因此也難以給伴侶溫暖的關懷。她常對先生說：「你想要的會不會太多了？我一個人也可以過得很好啊！」幾乎不會肯定對方的努力或為對方打氣。

這位強烈需要被肯定、深受認同需求困擾的「焦慮依附型」先生，為了得到「迴避依附型」太太的肯定，只能不斷地努力，然而，即使賺了很多錢，他還是深感挫折，而且夫妻衝突一再上演。

沒有得到爸媽的愛的孩子，後盾會相當微弱，比起「我這樣就很棒了」的自我認同，他們更容易因為別人的評價而動搖。

兩人的關係看上去岌岌可危。解決先生的認同需求是一個重點，但更重要的，是太太要敞開緊閉的心房。而我一直努力，嘗試讓太太敞開心房。

「妳外表看起來很堅強，但是內心感覺很孤獨、很悲傷，再往裡面看，好像還有對媽媽的憤怒。」

原本抱持冷淡的態度前來諮商的太太，聽到我這番話後，流下了眼淚。

諮商過後，她說自己感到十分混亂，對我也有些怨懟，因為覺得自己本來過得好好的，但現在平靜的心被動搖了，內心的痛苦流洩了出來。不過，要解決兩位在親密關係中的問題，必須先解決太太的問題，也就是太太內心深處和媽媽的矛盾。對這位太太而言，她需要發現媽媽給予自己的愛，才能解開心中的結。我一直期待那樣溫暖的時刻到來，可惜諮商沒能持續。

心理諮商歷程，有一定的圖表曲線。一般會進行十至二十次的諮商，開頭一、兩次諮商時，來談者會發現「我之所以如此的原因」，了解狀況後，會產生安定感，曲線呈現上升狀態。然而，當開始面對過去的傷痕後，會經歷一段停滯期，曲線落入低點，但只要邁過這段停滯期，心會慢慢打開，不過，並非所有人的週期都一致。

在諮商的停滯期，過去忽略、壓抑的感情會一湧而上，來談者會經歷一番痛苦。面對問題會伴隨心中的疼痛，但能檢視自己的過去，紓解壓抑的情緒，發現自己「原來當時那麼孤獨、那麼痛苦」。過去的自己對內心的傷口視而不見、努力撐下去，但到了這個時期，湧上的痛苦甚至可能影響到日常生活。儘管我十分盼望來談者能度過這個時期，但也經常遇到無法度過而中斷諮商的狀況。即使如此，我仍認為這個過程是個種子，我們依然在恢復期的必經之路上。

我在諮商的過程中，遇見過各行各業、各種階層的人，也不免有集財富和名利於一身者，但擁有最大資產的人，其實是在母親給予適度的愛、溫暖，以及陪伴健康長大的人。畢竟，對於正在嚎啕大哭的孩子來說，照顧者的財富和名利無足輕重。

然而，即便沒辦法遇到那樣的母親，我們仍不能放棄自己的生命。就算是和自己不對盤、帶給自己傷痛的母親，只要釐清母親之所以如此的原因、化解內在的矛盾、給予自己開導，我們的生命就能改變。

當我們鼓起勇氣面對心中的傷時，也要同時檢視內心的狀況，唯有如此，往後才能對生活懷抱正面的態度。當在關係中遇到挫折時，請給自己一個機會，重新面對小時候極度渴望擁抱的媽媽，也和現階段的自己和解，未來一定會有所不同。

就算是和自己不對盤、帶給自己傷痛的母親，
只要釐清母親之所以如此的原因、化解內在的
矛盾、給予自己開導，我們的生命就能改變。

Part 2

關係修復的開始：了解你的原生家庭

「媽媽只剩下我了」

——明明嫁人了、卻還心心念念母親的女兒

你也是被母親的情緒牽著走的孩子嗎？

有一位來談者，訴說自己因為媽媽而感到痛苦的狀況，令我印象十分深刻。

「媽媽打電話來時，我全身都緊繃起來，因為媽媽又要抱怨同樣的事了。每次聽到那些話，都會破壞我當下的心情。我希望媽媽可以像其他媽媽一樣，告訴我她過得很好，要我不要擔心，好好過自己的生活就好。現在的我，彷彿要連媽媽的人生一起過，到底我要照顧媽媽的人生到什麼時候？」

我們都有自己理想中的父母樣貌。兒時，父母撫養我們，陪伴我們成長，但長大後，我們逐漸脫離父母的保護而獨立。當我們想念父母時，只要回到家就能互相擁抱、感受被愛；即使分隔兩地，心理上仍保有安全感和與父母的連結感。

我們都需要學習脫離父母的保護而獨立，這種獨立的狀態是，即使分隔兩地，在情感上仍可以和父母維持穩定的連結。然而，假如父母對婚姻生活的孤獨、空虛、失望，都需要透過子女來疏解，子女便無法以子女的角色存在。子女的獨立，必定始於父母能尊重與認可子女能有自己的生活方式與情感。

要達成「精神上的獨立」，我特別強調以下這個思考：

「是我能接納父母呢？還是父母能接納我呢？」

接納，是指無條件地完全包容，並試著去理解。當彼此都有了這樣的經驗，自然就能夠達到精神上的獨立。

其實我們的生命，不斷地在學習「分離」的課題，例如出生的過程，是我們離開媽媽的身體的過程，這就是最初的分離經驗。最初來到這世界，遇見了媽媽，感受媽媽溫暖的眼神和撫摸。雖然這是第一個分離，卻也因此感受到安穩與連結，母親身體那溫暖的觸感，彷彿傳達著對我們的守護。我們人生中的第一次分離，在我們的生命歷程中是十分自然的過程。

由於孩童的自我意識尚未發展完全，所以不知道如何和父母分離，但若長大後也無法完成分離的課題，就會衍生問題。因為父母的情緒是屬於父母的，並非源於自己，然而我們卻不自覺去背負父母的情緒，如果就此陷在對方的情緒當中，最終將會釀成悲劇。

孩子和父母的分離是必然的過程，為了獲得內在的安定感，我們必須學習和父母建立健康的連結，也就是舒服而能夠保持各自獨立的關係。

與父母未分化的狀態是關係中的未爆彈

孩子出生後，媽媽便提供孩子生存所需的一切。當孩子開始走路、探索世界時，即開始為獨立作準備。直到成年為止，媽媽都擔任保護者的角色，在旁給予幫助。若媽媽能認知到孩子是獨立的個體，能接納「孩子和我的想法不同」並給予尊重，往後媽媽和孩子分開時，就能夠各自順利地生活。

家族系統治療理論權威莫瑞．包文（Murray Bowen）主張，家庭的主要問題，來自於情緒和認知「未分化」，例如與原生家庭過度親密或過度疏離，都屬於未分化。

孩子在和父母及周遭重要的人互動過程中，會逐漸形成「自我分化（Differentiation of Self）」，自我分化程度高的人，能夠維持理智與情緒功能的良好平衡，也越能夠從自己的原生家庭獨立；自我分化程度低的人，整個家庭的情緒界限也會因此而混亂、相互影響。

要達到健康地分化，前提是親密感和距離感要適當而平衡地共存，父母和子女能各自以獨立的姿態存在。事實上，也唯有一群各自獨立的個體才能達到真正的貼近。

除此之外，自我分化程度低的人，不會接納「你可以和我不一樣」，而是認為「我難過，你也應該跟著難過。我這麼辛苦，你怎麼可以過得如此輕鬆？」和孩子未分化的父母會認為自己難過、子女也該跟著難過，自己受苦、子女也要跟著受苦，並且強調自己受苦的狀態與自己的價值觀。在這樣的情況下，一旦子女做出違背自己的行為，父母便會做出激烈舉動，例如斷絕金援或是斷絕關係。

此外，未分化的父母也會把自己未能實現的願望，加諸於子女身上，認為子女的表現就是自己的表現，或者要求子女實現自己未能完成的事。即便孩子不怎麼想做，也可能因為是父母所期望的而照辦。如此一來，往後一旦孩子不照自己的要求做，父母很可能就會感到失望，甚至以情緒威脅子女。

很多父母在孩子長大成人後，仍放不下孩子。例如監視婚後住在附近的子女，或是不時介入子女的人生，要求子女做出自己滿意的選擇或行為。

孩子未分化的根源在於父母。若父母沒有促使孩子分化，孩子便無法分化。只要父母願意，孩子就會分化，但問題在於父母這一方放不下孩子。而未分化的關係如同未爆彈，隱藏著問題，總有一天會引爆。

對丈夫的憤怒從何而來

我的來談者中，有一對結婚未滿三年的夫妻，本身年紀也很輕，而太太不斷有自殺的衝動，也曾自殺未遂，先生看在眼裡相當痛苦。

實際了解過後，發現太太的內心充滿憤怒，並且患有憂鬱症、強迫症、恐慌症……等。我仔細觀察與聆聽，想一探這些情況究竟是從何時開始的。

「我真的再也受不了我婆婆了！我真的很討厭她，她很無知，而且眼裡只有錢，我第一次遇到這種人。想到要跟這種人相處一輩子，我就覺得快要活不下去了！」

聽完太太說的話，我思考難道只因為婆媳相處不睦，就導致她這麼痛苦嗎？造成嚴重婆媳問題的原因又是什麼呢？於是，我靜靜地從太太的成長背景一探究竟。

先生自小是菁英，成長過程一路順遂，也因為如此，先生看起來十分有自信。太太則曾在國外生活很長一段時間，目前在國際機構工作。在一般人的視角看來，他們都擁有令人欣羨的資源。然而，太太卻因為患有嚴重憂鬱症而在服藥中，甚至出現自殺的念頭。

「我好像一直都很憂鬱。」

太太說起自己從中學時期就深受憂鬱困擾。她的父母婚前交往時間並不長，是因為懷孕而倉促結婚的，生下她之後，又生下了弟弟，但因為婚後嚴重不合，不僅時常吵架，父親還會虐待她，姐弟倆都沒有得到足夠的關愛。最後，父母終究以離婚收場。這位太太的成長過程十分灰暗，其中她對父親的憤怒尤其強烈，這令她痛苦不已。

然而，她從認識現在的先生、戀愛到步入婚姻的時間也不長。先生對她一見鍾情，在她眼中，先生是個了解她、疼愛她、值得託付一生的對象。不過，太太現在非常討厭他。在諮商過程中，太太不斷透露她完全不想見到對方。當初她認為對方會凡事順著自己，才選擇結婚，以為就此能建立自己的家庭、展開新生活，沒想到婚姻生活卻暗藏伏兵，那個伏兵就是婆婆。

得知婆婆對自己不甚滿意的她，心裡非常受傷。原本認為婚後先生凡事都會聽自己的，在婆婆介入後，先生的想法開始在母親和自己之間擺盪，這讓她感到非常憤怒。其中最令她憤怒的，就是婆婆竟然指責起自己的原生家庭，這更令她怒不可遏。

於是，太太開始對先生施壓，要先生在婆婆和自己之間做選擇，也透過試圖自殺來警告先生。先生受到了很大的衝擊，就依照太太的意思和母親斷絕關係。如此一來，太太終於不用再見到婆婆了，然而，太太的憤怒卻沒有因此消失。

或者說，憤怒的對象反而轉移到先生的身上。太太說現在因為看到他就會想起婆婆，更止不住怒火。

「我很討厭他，完全不想見到他，我要他不可以再穿婆婆買的衣服，因為會讓我想起婆婆，光想到就討厭。」

先生神情疲憊地在諮商室外等候太太，彷佛已經耗盡了全身的力氣在維持這段婚姻。太太反覆以「很討厭」來表達對先生的憤怒。散發著十分強烈的怒意，我想，我還需要與太太進行更深入的談話。

渴望脫離母親，卻又無法擺脫罪惡感

「可以說說妳當初選擇這麼早結婚的原因嗎？」

「因為當時很愛他啊。」

太太告知我自己是由於「深愛先生而決定踏入婚姻」，然而我在了解後發現，太太的媽媽認為，女兒之所以早婚，說不定是因為想要擺脫自己，並且為此耿耿於懷。太太提到婚前的某一次談話，她們母女倆曾經相擁而泣。

「女兒啊，妳結婚後會搬到離媽很遠的地方嗎？」

「沒有很遠啦……。」

再經過三次諮商後，我決定進行家族排列。家族排列是透過來談者和其家人在治療過程中的行為，把在家庭中隱藏的緊張情緒、衝突和重要關係的影響具體呈現出來，並藉此得到治療效果。透過家族排列的過程，我得知了太太和她的母親，以及母親的原生家庭的整體問題。

透過家族排列治療，太太了解了母親的成長過程。

母親雖然成長於經濟寬裕的家庭，卻沒有精神上的支柱，歷經爸爸出軌、媽媽再嫁，自己卻難以和繼父融洽相處，長大後遇到了現在的丈夫，在對方的熱烈追求下，選擇踏入婚姻，好不容易以為能展開新生活，沒想到對方在婚後卻數度外遇。

不只自己的父親外遇，自己後來又面臨先生的外遇。諷刺的是，這樣的發展其來有自。

來自父母離異的家庭的孩子，如果戀愛的對象是來自享有雙親完整的愛的家庭，在親密關係中很容易感到緊張，因為內心覺得自己有所不足。要克服這樣的心情並不容易，即便可以在交往初期隱藏，但長期下來，不安與緊張的情緒依然會成為關係中的累贅。由於和對方親近時，自尊便會受到威脅，反而是和相似遭遇的人相處時比較安心。因此，有類似傷痕的人總會相遇。

其實，不只是母親這一方，太太的父親內心也有很深的創傷需要處理。否則不會明明很愛太太，婚後卻出現暴力行為、又不斷出軌。

太太的母親傳遞給女兒的，有不幸的婚姻、外遇、暴力，以及內心的傷痕。而且，受苦的母親有意識、無意識地，也對女兒傳達這個訊息：

「大家都離開我，我只剩下妳了。」

甚至還有這樣的訊息：

「要不是生了妳，我可以過不一樣的生活。現在媽媽只能指望妳了。」

這樣的訊息經年累月下來，女兒開始打從心底深信「原來媽媽的不幸是自己造成的」、「原來媽媽是因為我，才擺脫不了悲慘的生活」。

如同被束縛在同一個身體、過度緊密的母女關係，不得不演變成現在的狀態。女兒一方面覺得只剩下自己可以倚靠的媽媽很可憐，但又渴望擺脫她。「內心是想要脫離的」，但要擺脫媽媽的瞬間，罪惡感卻又一湧而上。為了解決這樣的罪惡感，自己必然不能「過得好」。如果自己過得幸福，對媽媽來說好像是種背叛，因為媽媽只剩下我，媽媽是因為懷了我才倉促結婚而變得不幸的，於是女兒開始思考，要如何逃脫這個進退兩難的局面，心裡深埋不安和衝突，結果在親密關係中，讓伴侶和自己同樣滿身傷。

未解的憤怒與痛苦可能在關係間轉移

那位太太選擇早早結婚，看似因為和對方非常相愛，實際上是為了脫離原生家庭。即使如此，婚後也難以斷絕和媽媽的關係。此外，太太雖然想開啟嶄新的的婚姻生活，卻不如預期，反倒越來越痛苦，心中不時浮現自殺的念頭，由於內心非常混亂，太太曾對先生說出這些話：

「我很討厭你，但又沒辦法和你分開，只能繼續這樣生活下去。」

她對先生的憎恨，越演越烈。

「現在真的完全不想看到你。你不要靠近我、不要碰我、不要管我，但是，你不可以丟下我！」

那些對先生的情緒，其實來自太太對媽媽的憎恨。

這種情感轉移現象稱為「投射性認同（Projective Identification）」，指的是將自己的想法和情感轉移到他人身上，例如，自己在生氣，卻認為是對方在生氣。在這個案例中，先生明明是不同於太太的母親的人，但太太卻會在看見先生時，聯想到自己的母親，也想起父親。太太很想脫離母親，卻辦不到，並且在先生身上感受到自己對於母親的情感。

為了擺脫痛苦、不再讓關係惡化，首先，這位太太必須要和媽媽健康地分化。太太要做的心理功課，就是了解和媽媽「分離」絕對不是壞事。即便媽媽難過，那也是媽媽的情緒，自己無法連媽媽的情緒一起負責。同時，也要相信媽媽能以自己的力量守護自己，必須擺脫「媽媽沒有我一定會垮掉」的心理壓力，也避免去想像媽媽辛苦的樣貌。

進一步透過家族排列，媽媽才得知造就女兒如此混亂的狀態的，正是自己，媽媽終於意識到自己將女兒抓得太緊，也產生了改變的意志。

「我希望女兒能幸福，離開我去過自己的人生。」

想解決夫妻間的矛盾前，必須先解決他們各自對於母親長年的情感積累，當太太的母親終於開始察覺到女兒內心的痛苦，包含女兒在幼年時期，因為父母長期不和睦產生的的無助感和恐懼感，母女才終於能真正地相互理解。

「女兒，真的很對不起。我這麼可愛又討人喜歡的女兒，我卻只顧著自己的痛苦而沒有好好照顧妳，對於妳的傷害也假裝不知道，媽媽真的很對不起妳。」

這個過程的開始，即治癒了彼此深深受創的心。

修復的瞬間：解放在關係中過度努力的自己

我想起另一位前來諮商的女性，從一開始就令我印象深刻。看似只是想解決已經浮出檯面的問題，但實際了解發現，她整個人的狀態早已處在懸崖邊，甚至連家人們也身陷谷底。

她希望透過諮商，解決先生對自己施暴的問題。然而，她真正需要面對的，其實是她和母親之間的心結。我不斷努力協助她鬆開心中的結，並嘗試「接納自己」：

「不必刻意做什麼事來維持和媽媽的關係，接受現在的狀態就好，不需要帶著罪惡感接納媽媽。」

過度努力、討好、被束縛著的母女關係，需要被解放。

隨著諮商的進行，我慢慢能了解她對媽媽的真實情感。在她了解自己內心其實「很想擺脫媽媽」之後，為了能夠達到精神上的獨立，她必須先嘗試切割自己和媽媽的情緒、想法，下一步則是切割自己和媽媽的人生：

「原來這是媽媽的想法，原來媽媽這麼辛苦。但是，那是媽媽的人生，我要過不同的人生。」

此時，需要透過兩個階段的練習。

第一階段是理解媽媽。

媽媽之所以會那麼做，是因為媽媽沒有看到更好的典範。媽媽沒有機會向更好的典範學習，來幫助自己擺脫不幸的人生。如果能以此理解媽媽。媽媽也能理解自己的過去、自己的選擇，能接納自己，並安慰女兒，是最理想的情況。

「女兒，對不起，原來我給妳這麼大的壓力。媽媽很好，媽媽希望妳可以過好妳的人生。」

要讓媽媽能對我們說出這些話，想必不容易。若是在這種情況下，建議選擇心理諮商的方式，比起獨自解決，不如讓他人（家庭諮商師、家族治療師）扮演媽媽的角色，在諮商過程中聽聽助人工作者的觀點，都能為自己帶來力量。

已經造成的傷痛無法挽回，因傷痛而形成不平衡的關係，不可避免會產生問題。當我們對問題產生自覺後，我們能做的，就是接納受傷的自己，並且重新整理關係。原先如同連體嬰般緊密而令人窒息的關係，其中需要有人先開始改變，在上述案例中，原先以為是夫妻間的問題，然而當前來諮商的妻子和其母親能各自歸位，將重心放在自己的人生而非緊抓著彼此時，這位妻子和先生的關係也能漸漸平衡。

第二階段則是向媽媽表達自己的想法。

自己和媽媽是完全不同的存在，可以有不同的想法，更能有各自的理想，子女擁有自己的理想、自己的生活方式，並不代表是對媽媽的背叛，因為，每個人都需要傾聽自己內心的聲音。

我的來談者中，有一位單身的中年女性，長期和媽媽住在一起。她放棄結婚的打算，認為自己人生的主要目標就是照顧媽媽。起初她是因為無法入睡而來求助，必提到自己嘗試過服安眠藥、睡前伸展運動都無效，已深受失眠困擾長達十年。

雖然她表明自己沒有其他的問題，但透過諮商可以得知，她因為媽媽限縮了自己的人生，心裡早已生病了。她的媽媽很早就和數度外遇的爸爸離婚，弟弟和妹妹則早就各自成家，而她因為覺得媽媽很可憐，選擇留在媽媽身邊，時間一長，她說自己也不清楚自己的人生想要什麼了。她覺得表達自己想要的、純粹為了滿足自己的需求，是很自私的，而且心裡也會對媽媽產生罪惡感。

然而，從我們腦海中自然出現的情緒和想法，需要被表達和消化，如果持續被壓抑，就會醞釀成病，這是身體的本能機制。因此，誰能說這是自私呢？即便媽媽的日子過得辛苦，那也不是子女必須面對、解決的課題，那仍然是屬於媽媽的責任，也必須由她自己承擔，才能成為有力量的母親。媽媽的人生中也曾有其他的選擇，而當時媽媽的選擇造就現在的人生，但別忘了，現在我們的選擇，也能成就往後新的人生。

生而為人，從最初和母親的身體相連著，在出生時經歷第一次與母親的分離，接著開始學習站立、行走，不僅僅為了探索世界，也為了一步步走向自己的人生。人必須歷經獨立的過程，這是必然的，換句話說，在我們的身體記憶中，母親的存在，正是為了讓我們能邁向獨立。

「媽媽沒有離婚，都是為了我」

——夾在父母之間、為三角關係受苦的孩子

你也是從小被母親逼著選邊站的孩子嗎？

「我爸根本不是人。」

有一位女性在我眼前這麼說。我看著她那麻木的眼神，實在令人心痛。但她也提到現在想起爸爸沒有那麼恨了，也後悔小時候總是懷著對爸爸的怨恨過日子。

家庭關係中的矛盾，常常源自於「三角關係」。以目前大多數的家庭關係而言，相較於父親，母親花費更多時間陪伴孩子，也就負擔較多的教養責任。這時，母親和孩子容易形成「同盟關係」，爸爸和孩子則會形成「爸爸」＋「媽媽、孩子」的關係。媽媽的想法與期待對於爸爸和孩子的關係，有絕對性的影響。

家族治療的代表性人物包文（Bowen）認為，「三角關係」是一種關係策略，藉由三角化的關係來減緩兩人系統中的衝突與焦慮，例如當家庭中父母的關係存在著焦慮與不安時，子女最容易成為三角關係的第三角。然而，精神上未分化的父母，若不致力於解決兩人之間的問題，而是將問題焦點轉移至孩子身上，時間一長，當三角關係變得僵化，家庭的互動模式根深柢固時，就會對孩子造成不幸。常見的不幸的三角關係是，媽媽和孩子形成共生關係，而由於父母和孩子未分化衍生的問題，將會轉嫁到孩子身上。

在家庭的三角關係中，爸爸和孩子之間，絕對有媽媽的存在。當太太對先生有所不滿時，太太會拉攏孩子和自己同一陣線，透露自己的不滿情緒。那樣的情緒，會讓孩子自然而然怨恨爸爸，並與爸爸漸行漸遠。此外，媽媽甚至會對孩子說出：「我是為了你而活的，知道嗎？」進一步要孩子為自己的人生負責。

當夫妻關係惡化時，最大的受害者便是孩子。

孩子在三角關係中，會衍生嚴重的心理問題。和媽媽站在同一陣線的孩子，不僅無法感受到自己的想法，也無法對爸爸抱持好感，因為長期身處與媽媽的緊密連結中，認為自己要和媽媽抱持相同的感受、要站在媽媽這一邊。然而，媽媽和孩子其實是個別的存在。即便夫妻非良緣，爸爸的存在仍有意義。若父母無法體認這一點，只是一味將其中一方敵人化，就會對子女造成巨大的傷害。

人類的基本需求之一，就是認可、接納自己的情感。從小聽媽媽訴苦的孩子，會專注於「媽媽想要什麼？」「媽媽希望我去做什麼？」導致忽略自己真正的需求，因為打從心底認為唯有如此，自己才能存活下來。當自己真正所想的、自己內在真實的聲音、自己的需求持續被壓抑和忽略，孩子將無法維持健康的心理狀態。被捲入三角關係的孩子將不再是孩子，而是承擔夫妻關係矛盾的一方，心理總是處於不安的狀態。

媽媽總是對我說爸爸有多糟糕

我也想起一位媽媽，當時她的兒子、女兒都已成年，三人一起踏進了諮商室。那位女性一坐下來，便滔滔不絕訴說自己的苦楚。

「我老公脾氣有夠差！他只想到他自己！愛賭博、沒能力，只會一天到晚在外面惹事，留一堆爛攤子給我們收拾！」

她心中累積了很多先生的罪狀，在我面前一鼓作氣地傾洩出來。

深入了解後，得知爸爸在家中的存在感非常薄弱，雖然有工作，但不會給家人生活費，而太太以自己的力量守護著家，到現在仍照料著子女和家人。她一輩子都活在巨大的責任下，也認為「這都是我應該要承擔的」。對孩子來說，這樣的媽媽待在沒有能力的爸爸身邊，實在又可憐又讓人不捨。

爸爸又是怎麼長大的呢？爸爸在七個兄弟姐妹中排行老么，可能因為手足眾多，他在原生家庭中沒什麼存在感，得不到父母的關注和認可，在現在的家中竟然也落得同樣的下場。他對太太最大的埋怨，就是太太總是忽視婆家和自己。這位先生和太太的婚姻生活，似乎不斷地在累積傷痕與矛盾。

責任深重、情緒壓抑過久的太太，不停地訴說先生的惡行惡狀，內在的情感不斷湧出。這對夫妻的結局看似已經底定，於是我向太太這麼詢問。

「那您有考慮離婚嗎？」

「唉，我很了解他。為了孩子，什麼我都可以忍。」

一瞬間，整個諮商室一片寂靜。出乎意料的一番話，推翻了剛剛訴說的所有。子女此刻的臉上，混雜著自責、無力與憤怒。

即便太太滔滔不絕地抱怨，她卻又堅持先生的自私行為不會造成真正的困擾，甚至反覆表現出「先生這樣雖然很糟糕，但我沒關係」的態度。

孩子們則希望能解決根本的問題，讓媽媽不要再痛苦。過去媽媽總說沒什麼問題，但又不停地對孩子訴苦，孩子們則抱持著「媽媽好可憐，除了我以外，應該沒有人能聽媽媽說」的心情，不得不聽媽媽訴苦。

家庭三角關係中的「代罪羔羊」：充滿無力感的孩子

「媽媽，這樣不行，不能再這樣下去了。」

「我小時候就希望媽媽乾脆離婚，真的，我們真的這麼想。這麼不幸福，為什麼還要繼續下去？為什麼要為了我們忍著？」

隨著諮商進行，子女們的憤怒漸漸擴大。排行老大的兒子一開始就表現出憤怒，身為老二的女兒則一直很安靜，但最後似乎忍無可忍了。

「妳和爸到底為什麼要這樣？我真的受不了了！」

二女兒據說是拿全額獎學金進大學的聰明孩子，但心裡承受著痛苦，導致學業中斷，仰賴著精神科藥物過日子。兩個孩子則說媽媽如果不離婚，他們就要離開家裡。

對這兩個孩子來說，爸爸如同惡魔、而媽媽則是可憐人。他們一輩子都在聽媽媽說「爸爸這樣不好、那樣不好」，而媽媽卻又透漏出「我沒關係」的態度。媽媽的矛盾讓他們無法理解。女兒受到的影響尤其大，從嘆息到憤怒，甚至在諮商室裡痛哭著。孩子對爸爸的仇恨感，說是媽媽一手營造出來的也不為過。雖然同住一個家，但他們自小就和爸爸斷絕關係。當然偶爾會有需要爸爸的時候，但一想到媽媽，就讓他們無法靠近爸爸。

兩個孩子壓抑不了心中的混亂，開始悲痛呼喊，過去的壓抑，都成了心中的疙瘩。

「我不知道自己為什麼感覺這麼悶、這麼無力，好像什麼也做不了，不知道是因為心裡難受，還是因為自己懦弱？我覺得一切都是爸爸造成的，為什麼我會遇到這樣的爸爸呢？我真的很討厭爸爸，我甚至想過要殺死他……」

兩個孩子是因為精神狀況不佳而和媽媽一同前來諮商的，剛開始他們以為那些洶湧的情感，都是出自於對父親的憤怒，但在諮商後，他們了解到自己其實是因為深深的無力感，因為無法拯救痛苦的母親，長期承受著母親的情緒，在原地忍耐著，然而痛苦不斷累積，直到超出負荷。在痛苦的深淵中，逐漸浮現出想要了結一切的心情。

說明白了，這位媽媽是藉著孩子對爸爸的憤怒來困住孩子，導致孩子今日的崩潰，這是個雖然愛著孩子，卻以錯誤的方式束縛了孩子的媽媽，也是個帶給孩子痛苦卻渾然不覺的媽媽。

這位媽媽存在著矛盾的心理。既厭惡先生，卻又不願意與先生分開，反而折磨了看在眼裡的孩子。這種心理狀態，究竟從何而來？

原來這位媽媽的父親十分重男輕女，只對兒子好，財產也都留給了兒子，除此之外，還很好賭，賭掉了家裡不少錢，即使有剩餘的錢，也不會拿回來照顧家人，卻在外面將自己塑造成闊氣的好人形象。這位媽媽自小就厭惡著從沒認同過自己的父親，不過，她卻提到父親晚年曾經肯定過自己。

「家裡發生事情的時候還好有妳在，真是太好了。」

由於父親重男輕女，女兒為了得到父親的肯定，必須擔任解決問題的角色。終於在某一次幫忙收拾殘局後，得到了認同，也讓她產生了「果然家裡還是需要我的」、「如果沒有我，這個家什麼都做不了」，因此提升了自我價值感。

不斷追求被家人肯定的她，卻又遇到了同樣在原生家庭中受到忽視、有強烈被肯定需求的男人。兩個人內在都有著深深渴望被肯定的需求，於是婚後的衝突越演越烈。

過去長久以來，她一直深信先生是個失敗者，而自己則是做得很好的一方。她為了證明自己是對的而前來諮商，但是隨著諮商的進行，面對子女強烈的憤怒和無力感，身為母親的她開始不知所措。

「媽媽真的覺得沒關係。」

「媽，別再說了，拜託！！」

諮商過程中很常出現這樣的矛盾。夫妻間的矛盾讓孩子成為犧牲品，孩子隨著父母生氣、情感波動，而父母則是只感受到自己的痛苦，卻看不見孩子的痛苦。

我想起曾有一位來談者，自小父母就時常劇烈爭吵，他因為不知道如何是好，便一回家就把自己關在房內打電動，但卻被媽媽責罵。

「媽媽這麼辛苦，你就只會打電動？你沒看到你爸那個樣子嗎？你這樣還算是我的小孩嗎？」

過了數十年，他仍對於自己沒有在父母吵架時勸阻、還埋首於遊戲這件事感到罪惡，心裡十分過意不去。父母對毫無力量、弱小的子女施行言語暴力，卻毫無自覺。

回到原本的案例，那位媽媽長期深信著「自己做得很好、自己盡力守護子女了」，然而在諮商室中，原本以為維持得還可以的關係竟然出現了裂痕，也顯露出媽媽內心的矛盾。此時，愛著子女的媽媽，才能看見無力又不知如何是好的孩子。其實，當時的狀況如果再惡化一些，家庭成員極有可能出現精神異常的症狀。

往後的人生還很長，我們生命中的逆境，是否能奮力扭轉呢？

覺察到問題後，嘗試找出其他的可能性，一切就能有轉圜的機會。

解決方式是從媽媽的行為開始改變，媽媽必須先理解原生家庭未分化的面貌，了解自己在原生家庭渴望獲得肯定的需求，已經延續到現在的家庭中，並且意識到對現在的家庭產生了哪些影響。

修復的瞬間（一）：將日光從「不幸」轉移到「幸福」

假如孩子忍受不了父母間充滿矛盾的家庭關係，決定和媽媽斷絕往來，這個家還有機會變得幸福嗎？我想這是不可能的。即使孩子結了婚、展開新生活，對原生家庭的罪惡感、無力感也不會就此消失。孩子和父母的關係，並不是一翻兩瞪眼的關係，過度疏遠或緊密的親子關係，都會影響孩子未來的親密關係與家庭關係。

如果孩子沒有得到父母的心理支持，內心就不容易自我肯定，婚姻生活也較容易出現問題。例如先生一旦說了什麼，太太就會覺得委屈、受傷，或是感到憤怒，「你這樣說是什麼意思？是在瞧不起我嗎？」下意識把對父母的憤怒轉嫁到先生身上，讓先生說出父母對自己說過的惡言、做出父母對自己做過的惡事。

剛剛的案例中，媽媽沒有得到原生家庭的支持，過得很辛苦，婚後也扮演著不斷付出的角色。然而，先生卻重演了她最痛恨的爸爸的模樣。究竟為什麼呢？明明她刻意找了和爸爸完全相反的人，先生明明是不會賭博又牢靠的人，而且是家中的老么，個性也不霸道，大學畢業於名校，又進入大企業工作，是個既上進又有能力的人。當這位媽媽發現丈夫竟然有爸爸的影子後，簡直崩潰了。

「我這麼努力避開像我爸的男人，結果你竟然和我爸一樣」她十分執著於這一點。然而事實卻是，她把先生變成了像爸爸一樣的人，她把想要對爸爸發洩的情緒，都發洩在先生身上，當情緒得到發洩後，她對爸爸的憤怒終於稍微平息下來，她也終於可以開始理解爸爸。

即便是不可思議的心理扭曲的狀態，仍然有改變的機會，但是，這樣就徹底解決問題了嗎？在那位媽媽心理扭曲的狀況下，造就了先生這個曖昧的犧牲品，雖然達到了和解，但在家族心理學中，要特別留意這種無意識的「複製」。

子女們找尋不同於父親的結婚對象，但生活久了，仍會不自覺反覆同樣的模式。很不幸地，諸如此類的「複製」的力量相當強大，要終結這個模式，需要有意識地努力。

那麼，究竟要怎麼做才會幸福呢？曾有一個針對「幸福指數」的研究，結果發現幸福指數高的族群，其思考方向傾向於「怎麼做才會幸福」；而幸福指數低的族群更著重於「怎麼做才能避免不幸」。

對於幸福指數高的人來說，他們的人生是主動去找尋各種即使微小，也能感受到幸福的方法。

飯後能散步很幸福、看著孩子的笑容很幸福、打開窗戶吹著涼風心情就很好、聞到咖啡香很幸福、午餐吃得很滿足……。

歷經許多不幸的人，往往忙於閃躲不幸。

那傢伙不要喝酒就好了、孩子可以不要吵就好了、回到家不要一團亂就好了……。

不幸的人，專注在不幸的事情上；懂得享受幸福的人，更容易接近幸福。忙著閃躲不幸的人，只知道避開不幸的方法。他們成天想著：「不能喝酒」、「不能抽菸」、「不能遲到」，而這些想避開的事情一旦發生，便會讓他們極度生氣，湧上絕望的感覺。「怎麼又是酒？為什麼我又發生這種事？」於是，想避開不幸的人，又再次落入更深沉的不幸之中。如果想要終結複製不幸，必須改以另一種觀點來思考。

修復的瞬間（二）：
當你願意看見「不一樣的父親」

極端的選擇斷絕關係，並非好的關係解法，在家庭關係中，我會專注於如何讓孩子的心理更健康，即使是現在才開始也不遲。孩子其實很敏銳，能察覺父母心中真正的想法，因此，要引導孩子不是以母親的立場來思考，而是用自己的角度來思考。若孩子能有新的發現，了解「原來如此，原來過去我認識的爸爸並非全部」，將能和長久以來折磨自己的傷口和解。

如此一來，宛如惡魔的父親形象將有所改變，心中也會開始出現父親的位置。

「原來爸爸也有好的一面，原來我想像的愛和爸爸想給予的不同，原來爸爸自己的狀況也不好。」

當心裡逐漸有了對父親的理解與接納，內在不再感到匱乏，自信心也會油然而生，進而能和伴侶、子女保持良好的關係。

心中有許多傷痕的人，較脆弱而敏感，遇到小事也可能產生對方「瞧不起自己」的想法，進而感到憤怒。受傷的人會想著「他怎麼可以對我說那種話」，一邊予以回擊，希望讓對方也受傷。而內心較為寬裕、健康的人遇到相同的狀況，會以不同的方式應對，例如「大概是那個人今天心情不好」，能對負面狀況泰然處之。

要讓孩子成為內心寬裕的人，必須從母親開始努力。首先，母親要了解原生家庭所衍生的問題、對現在家庭造成了哪些影響，並對孩子真心道歉、請求諒解。

「媽媽真的很辛苦才走到今天，一路上爸爸沒有支持我，所以我很怨恨他。但是，這是爸媽兩個人的問題，情緒處理得不好，讓你們為難了，對不起。你們從小到大遇到了這麼多困難，媽媽希望你們不要再受苦了，對不起。」

如果孩子和母親能彼此諒解，孩子也就不必再擔任「代罪羔羊」的角色。然而常見的情況是，當孩子長大成人後，鼓起勇氣詢問媽媽：「媽，以前妳為什麼那樣對我？」很多媽媽會回答：「唉，那時候養你有多辛苦你知道嗎？」只說明自己的立場和難處，視線只停留在自己的處境上。一旦這麼做，孩子便會再次受傷，落入惡性循環。

如果遇到這樣的母親，身為孩子必須思考該怎麼做，自信心才不會受挫，接下來，我就要進一步談當父母無法做出改變時，自己到底該如何提升自信。

修復的瞬間（三）：當你停止歸咎於「命運」

與其被動地接受「反正我爸媽也不會改變了」、「這就是我的命運」，我們更應該主動去創造自己的命運。我在諮商過程中，遇到最可惜的狀況就是，總是說出「我也沒有辦法啊」，已經習慣將一切歸咎於命運的人，他們將自己人生的鑰匙獻給了他人，讓人生由別人擺布。

複製不幸也是相同的道理，「不幸」並非不得不承襲的，而是自己下意識接收的。若不去正視痛苦的根源，將無法做出改變。

有一位女性，她在各方面都愛恨分明，不僅對別人的評價如此，對自己也同樣極端。

「我什麼都不會。」
「我非常、非常討厭他。」

她內在有著強烈的矛盾，即便展現出極度沒有自信的樣子，她卻也同時認為：「我是優秀的。」、「我是什麼人，你這種人竟然敢喜歡我？」她對別人的評價相當敏感，展現出強烈的自我防禦與自我保護。而這樣的極端也出現於她的人際關係，導致她和過去的對象總是不歡而散，甚至老死不相往來。這讓她開始產生「我根本不應該出生在這個世界上，我的人生沒有希望」的想法，她遲遲無法擺脫彷彿天生的自卑感。

她因為害怕受傷，因此無法和別人維持關係，在關係中常常出現矛盾的行為。然而，在她心底某處，仍藏有「被愛」的渴望。我一直對她說，沒有人是天生自卑的，改變命運的力量就在於自己。

這位女性在諮商初期，認為自己是在父母還沒準備好、不被期待的情況下誕生的孩子，對於自己的存在感到很痛苦，但深入了解後發現，她其實是在父母極度相愛、不顧兩邊家庭反對下，決定生下來的孩子。雖然她的媽媽當時年紀輕，但仍努力把孩子拉拔長大，甚至創造了自己的事業，可說是很了不起的女性。在述說的過程中，她也把過去的記憶更新了一番。

接著，我從她無數的記憶中挖掘和父母相處的片段，希望能改寫記憶。協助她找出被愛的記憶，如果能找出微小但溫暖的記憶，並且將好的記憶留在心中，就能自我接納並產生自信，這份記憶也將成為心的安身之處。終於，她開始能以全新的觀點看待未曾發掘的過去，有了煥然一新的感受，也找回了心的自由。

「我好像更有力量照顧自己了，我對別人對我造成的傷害好像不那麼敏感了。」

將過去的記憶和現在連結，找出傷痕以外的新發現，就是治癒的開始。反覆感受這樣的情感，這個微妙又強大的力量能改變腦的構造，並且促進能引起正向情緒反應的荷爾蒙分泌。透過反覆思索、找尋心中冀望的溫暖記憶，就能讓我們遇見全新的自己。

「為什麼都是我在照顧家裡？」

——攬起各種責任、只為了被肯定的孩子

有一位女性，因為受不了自己的媽媽而前來諮商。儘管她有牢靠的先生、聰明的兒子、愛護她的公婆、溫柔的父親，但有一個人的存在，令她的生命痛苦不堪。那個人，就是她怨恨至極的媽媽。

這位女性從小就是個模範生，家裡都是高知識分子，因此她後來也踏上學術之路，並擔任研究單位負責人。她的母親則是一九六〇年代知名大學畢業的菁英、非常投入於職場工作，然而在女兒的成長過程中，她可說是缺席的。

儘管這位女性的研究工作繁忙，還是承擔起照顧父母的責任，婚後仍然和父母同住。然而，她的母親即便上了年紀，依舊和年輕時相同，喜歡發展社交生活，不常待在家裡，直到那天，身為女兒的她忍無可忍了。

「媽！妳可不可以不要三天兩頭往外跑？妳知道我有多忙嗎？我一邊工作，還要照顧兒子、老公和老爸，就算我有十個身體都不夠用啊！」

她說她要求的並不多，如果媽媽能至少為爸爸準備三餐，自己的壓力就可以減輕許多。她說她實在不懂，為什麼媽媽年紀那麼大，卻還這麼不懂事。

她對媽媽的憤怒開始一湧而上。尤其她最不諒解媽媽不多陪伴爸爸，導致家裡的責任都落到她身上，讓她覺得很吃力。她也透漏，總是看見父親一個人守著家，讓她心裡很不是滋味。

在她心中，媽媽的價值觀似乎是：「我是念過書、上過大學的女人，不應該只是在家裡做家事」，而媽媽也確實依照自己的想法，不做家事，不斷向外找尋更「高層次」的活動。她從小到大看著這樣的媽媽，想著：「我絕對不要像媽媽一樣」。為了不要重演媽媽「不顧家」的模式，她成為了既能打理好家事、照顧人，也能在職場好好工作的女性。只不過，這樣全能且多重的角色，已經讓她筋疲力竭。

她的父親已經退休，因為事業有成，累積了可觀的財富。其實不必她親自打理三餐，大可找家庭幫傭或由其他家人分擔，也不失為解決的方法，只是她並不這麼認為。換句話說，她正身處在一場自己所塑造出的、無形而艱困的戰鬥中。

當兒子對我說：「媽媽都不會笑」

然而，那天兒子對她說的一番話，讓她一時之間回不了神。

「平常都看不到媽媽笑，我也不知道媽媽是不是愛我的。雖然媽媽說愛我，但我沒有感覺到。」

這段話對自認是個好媽媽的她造成很大的衝擊。她在兒子的成長過程費盡心力，到處打探最好的教學資源，讓他受最好的教育，無論自己再怎麼忙，也沒讓兒子餓過一餐。相較於兒子，孩提時期的她一次也沒有吃過母親準備的、熱騰騰的一頓飯。

「你明明知道媽媽這麼辛苦、為你做了這麼多，還說這種話？」

「和媽媽待在一起，我常常覺得快喘不過氣來了。」

聽到兒子說出這樣的話，只是讓她更加重對自己母親的怨恨。「我這麼努力是為了什麼？為什麼我要過得這麼辛苦？為什麼要聽我兒子說出這種話？」她覺得追根究柢，都是自己母親的錯。

「生了兒子後，我更不能理解我媽了。自己的孩子是那麼可愛，為什麼我的媽媽會那樣對我？想到我媽我就氣。到現在我還是不懂，以前我還以為可能別人的媽媽也是那樣，但是生了小孩之後，我才知道並非如此。」

她越是對孩子無私付出，越是無法理解自己的媽媽。她希望自己的孩子不會像她過去一樣，感受不到母親對家庭的付出，她希望過去自己得不到的一切，都能好好地給予她的孩子，但似乎反倒讓孩子很有壓力。一心想要對孩子好的她，沒想到最後發現在兒子眼中，自己也不是個好媽媽，這一點讓她覺得既衝擊又心寒。

和原生家庭沒有解決的問題，會反映在日後的親密關係、親子關係上。尤其親密關係會先亮起紅燈，我們會下意識以自己的自尊高低來選擇配偶，沒有得到愛的人，會選擇有等同傷口的配偶。可惜的是，和原生家庭未分化的兩個人帶著原本的問題相遇，終究會在關係中產生衝突。

有些不安全依附型的人，為了心理的安定，會選擇安全依附型的配偶。儘管仍會有大大小小的危機，但夫妻生活較能安然度過。但，同樣的問題仍會在子女關係中浮現，只不過是往下傳遞而已。原生家庭的問題影響夫妻關係，夫妻關係再影響子女關係，其中的衝突因子並未消失。

有了孩子後，我們會在孩子的年紀遇見當初的自己。例如當孩子五歲時，我們會想起五歲的自己，而內心不安定的人，一旦和過去的自己比較，心裡就會不舒服，導致問題被放大檢視。假如孩子成長時沒有遇到問題就無妨，一旦遇到問題，母親內心的衝突就會浮現。

心理安定的人，在孩子耍賴或撒謊時，能夠寬容以待、泰然處之。即便孩子造成問題，他們會認為：「沒有人是完美的，孩子只是還不懂事」不會把問題視為整個家庭或婚姻的危機。不過，在原生家庭沒有得到心理支持的人，會出現不同的反應。例如為了彌補自己沒能得到的愛，他們會使出渾身解數養育孩子，但只要孩子不聽話，他們就會對孩子產生怨恨，認為自己的人生失敗了。他們覺得自己做了這麼多犧牲和努力，孩子怎麼可以這樣對自己，對此感到憤怒。但這麼一來，孩子會感到很混亂，因為孩子不知道怎麼做才會被父母肯定。像這樣彼此過度用力的關係、不自然也不舒服的關係，最終會導致父母和孩子都受傷。

直到現在都還在等待媽媽的愛

和她的諮商過程中，不時圍繞在一個主題，就是「飯」。剛開始進行諮商時，她便告訴我：「我媽媽從來沒有煮飯給我吃過」，她說自己不懂為什麼媽媽會如此，也持續透漏她的不滿。

在心理諮商中，「飯」是經常登場的矛盾點。不少已婚的男性曾向我透露不滿太太沒有為自己準備「熱騰騰的飯菜」。至於太太的立場，則是覺得只是一頓飯而已，先生可以自己解決，何必小題大作，不能理解先生的不滿。不過，「飯」在心理層面上，不單單只是為了滿足生存所需，而是從對方身上感受被重視、被照顧、被在乎的經驗。或者可以說，連結了小時候透過「吃飯」來感受被媽媽守護、具安全感的經驗，無意間期待著也能在和太太的關係中體驗到。而且，如同男性希望女性做飯，女性也會渴望被男性保護的體驗。「飯」這個心理象徵，其實是提供了自己被母親守護的感覺。

「只是希望媽媽親手準備一頓飯，有那麼難嗎？我真的很討厭堅持不做飯的媽媽。」

她還提到，有一天回家時，看見桌上一席熱騰騰的飯菜，當下十分震驚，以為是媽媽準備的。在嚐過味道後，發現廚藝並不是很精湛，但也因此更堅信是媽媽煮的飯。很奇妙地，吃著這頓飯，她開始有了原諒媽媽、不再怨恨媽媽的感覺。即便只是一頓飯，也有確實被媽媽愛著的感覺。

不過，當天晚上她卻又得知，那頓飯並不是媽媽做的。頓時間，她內心晴天霹靂，被背叛的感覺如巨浪襲來，她說自己像心碎了一地，滿心期待的愛被剝奪了。她回到房間，躺在床上動也不動，她說原本以為自己對於媽媽總是不在家、不做飯的事實感到麻木了，然而當天內心的情緒轉折如此巨大，狠狠地揭穿了她的脆弱和渴望。

她想起自己每次放學回到家，媽媽總是不在，好像她被遺忘了。雖然她是成績優異的模範生，但她總覺得自己做得不夠好，應該要更努力，或許只要再努力一點，媽媽就會看見她、會肯定她。這樣的自我強迫，似乎也都起因於媽媽的缺席。

回顧成長過程，她總有一種「我好累好累」的感覺。小時候爸爸媽媽常常吵架，逼得她要站出來緩和氣氛。由於媽媽沒有扮演媽媽的角色，導致她不只要照顧自己，還要照顧年幼的弟妹和整個家。自己要代替媽媽照顧整個家的責任感，強烈困擾著她。如此一來，她也養成了完美主義的性格，總是隨時檢視自己是不是做得夠好，日常生活也過得疲憊不堪，也不容易與他人親近。

奇怪的是，不論她遇到困難的事、壞事，或者是好事、值得慶祝的事時，還是會第一時間想起媽媽。即便心中充滿怨懟和憤怒，她仍然希望自己的心能有一處棲身之所，希望能被媽媽溫暖接納，能盡情撒嬌，即使自己已經是一位母親了，被深埋於心底的被愛的渴望仍未消失，然而，這一點也使她無法理解，自己究竟要期待母親的愛到什麼時候呢？

而我開始很想要了解那位被女兒認為「很自私的媽媽」，究竟是個什麼樣的女性。

修復的瞬間（一）：相信父母有能力守護他們自己

這位不顧孩子、只專注在工作上的媽媽，究竟為何會這麼執著，不惜忽視自己的家庭呢？我想應該要找出問題的根源。

果不其然，這位媽媽也在沒能給足孩子安全感的家庭中長大。她的父親不顧家，而且家裡十分重男輕女，唯一能凸顯她的存在的，是她優秀的學業成績。在那個時代，家中的女兒，通常沒有機會享有充足的教育資源，因此她更努力讀書。學業上的好表現成為了她的生存策略，也是人生的希望。儘管後來她遇到了很有能力的先生，不需要擔憂經濟狀況，但她仍無法滿足於自己的地位。她希望婚後能繼續工作，但隨著第一個孩子出生，當時的社會風氣使她無法繼續待在職場，不僅如此，她也覺得一旦擔負家事責任，自己就會被社會給淘汰。於是她決定遵從自己的想法，不擔任照顧孩子的角色，也由於她不重視身為「母親」的身分，她也逐漸失去了在家中的地位。身為媽媽的她，不是照顧孩子、愛著孩子的大人，而是個仍然渴求著被認同、自我認同的孩子。換言之，她的認知能力發達，但情緒功能卻未成熟，這樣的她是難以好好愛人的。

而這位對於「飯」特別執著的女兒，在進行諮商的半年左右期間，都非常認真探索、理解自己和母親，在諮商時也充分展現了模範生的風範。雖然一開始有些阻礙，但隨著諮商進行，她的生活逐漸有了些變化。

她平常因為壓抑慣了，又是個不善於表達的人，導致她心裡累積了非常多的情緒。沒有機會發洩的怒火，不斷積累著。我的焦點則放在聆聽她過往未能傾吐的故事，並幫助她發洩過去的憤怒和遺憾的情緒。其實她不需要任何他人的意見與判斷，只需要有人能真心的理解她。在她發洩完情緒、心裡逐漸有了餘裕後，我對她說：

「得不到媽媽的愛，妳應該很難過吧，又要自己承擔所有的事情，想必很孤獨。妳現在還是想要感受媽媽的愛，所以不自覺地走向媽媽，但妳要理解，媽媽為什麼沒辦法給妳愛。」

當她的委屈和長期壓抑的情緒獲得宣洩，心理上才有機會理解媽媽。就在某個瞬間，她開始看見媽媽的孤獨。

過去她對媽媽充滿怨憤，但現在終於了解，是爸爸把孩子都拉攏到自己這邊，才導致媽媽失去了地位。媽媽在家裡孤獨至極，沒有人聽她說話，甚至被貼上「壞人」的標籤，就這樣度過四十多年。「爸爸是好人、媽媽是壞人」這個概念，在家裡根深柢固。

我協助她從錯誤的三角關係中，慢慢地解脫。

「妳可以擺脫對爸爸的過度責任感，那是媽媽和爸爸之間的問題，妳不必自己全部承擔。」

「我真的可以擺脫嗎？可是我一直以來都這麼活著。」

「當然了，就像父母有能力守護自己，妳也同樣有守護自己的能力。」

讓她了解照顧爸爸不是她的責任以後，接著我幫助她從三角關係中走出來。此時比起了解父母對她造成的負面影響，她更需要的是看到爸爸、媽媽各自原生家庭的優點和潛在力量。

要走出三角關係，並不是要與父母斷絕聯繫，而是自然與父母保持適當距離，如此一來，父母和孩子才能在關係中都感到舒服自在。

修復的瞬間（二）：尋找被隱藏的正向記憶

我見過很多非常厭惡自己的媽媽的人。然而，即使他們再怎麼討厭媽媽，卻還是放不下媽媽，持續與媽媽往來，又不斷發生爭執。他們希望可以不必離開媽媽，而且渴望得到過去得不到的母愛。然而，對於要向父母求助，表達自己真實的需求這一點，卻又令他們感到無力。他們覺得應該只要努力表現好就能被愛，但為什麼明明這麼努力了，媽媽卻沒有改變呢？明明累積了好多憤怒和委屈，又為什麼無法乾脆地斷絕關係呢？

焦慮依附型的孩子往往如此。他們認為自己只擁有關係中的負向記憶，但其中似乎又存在著正向記憶，讓他們無法果斷放棄一段關係，認為只要自己再更努力一點就可以了。

在諮商漸入佳境時，我試圖引導那位對「飯」十分執著的女性，找回和過往不一樣的記憶。

「回想小時候，有沒有對媽媽比較正面的記憶呢？」

「嗯，其實諮商過程中我一直有想到。想起那段記憶時，覺得心裡比較舒服。就是媽媽有時候在我和妹妹睡覺前，會念希臘神話故事給我們聽。故事很精采生動，我記得我和妹妹都會一直吵著要繼續聽。」

她帶著一些遲疑說著對母親的正面記憶，自己也覺得很訝異。「所以那就是母愛嗎？不是偶然而已？」當她反問我的瞬間，表情看起來很幸福。她似乎明白了，即使是傷痕累累的她，記憶中也有著媽媽給予的溫暖。

尋找隱藏的正向記憶的過程可能不容易，來談者的傷痕過深或者防禦性太強時，便會導致情感壓抑，造成不只是難以回想正向記憶，可能連自己的創傷都沒有自覺。不過在她的諮商過程中，她不僅宣洩了長年累月的情緒，同時理解了家人，變化漸漸發生。

到了諮商後期，她的表情看起來開朗許多。首先她放下了對於「飯」的執念。

「我不知道為什麼自己這麼執著於一頓飯，好像媽媽沒煮飯是什麼天大的事情一樣。」

她慢慢擺脫對於媽媽的憤怒，也開始從勉強背負的各種「應該」中解脫。她體悟到不必總是親自為大家料理三餐，也開始接受其他家人為她分擔。她有些不好意思的笑著說，和自己做的飯相比，家人現在吃得更津津有味。

她也告訴我，她對自己內心的傷痕改觀了。

「現在好像沒有人可以動搖我的內心了。以前總是很害怕被人家抓住弱點，覺得和別人相處很費力，現在舒服多了。一開始不太順利，但我感覺自己在慢慢改變，覺得很滿足。」

她說她馬上就要搬離家裡，不再和父母同住了。她透露過去總以孩子的教育為藉口，事實上是她放不下父母，不過現在的她準備好迎接「分離」了。這麼說的同時，她向我展露了美麗而自信的微笑。

修復的瞬間（三）：認同自己的所有情緒

已屆中年的大人，仍可能強烈渴求著父母的愛。回顧過往的自己，才發現全是渴望著被愛的故事。

縱使是不成熟的父母，也必然對孩子付出過愛，因為這種愛出於本能。但為什麼子女日後只回想起受傷的記憶呢？這是因為，幼小的孩子還沒有足夠的能力保護自己，當安全受到威脅，就會出於本能開啟防禦機制，進入緊戒狀態。比起幸福、開心的記憶，大腦在不安、害怕、受傷時，對於負面記憶會更加敏感，這也是出於為了順利存活下來而有的本能反應。如此一來，正向的記憶和經驗，便會隱藏在腦海深處，他們可能會說出這樣的話：

「我身上沒發生過什麼好事，我也沒有被愛過。想來想去，我父母好像都沒有為我做過什麼。」

然而，一旦想起和父母的溫暖、幸福記憶，心裡又會因為害怕再次受傷、失望、落入危險，下意識便壓抑了能療癒內心傷痕的重要記憶。這麼一來，腦海將會持續被負向記憶壟罩，形成惡性循環。

那麼，我們心裡潛在的正向記憶，究竟要如何使它浮現呢？首先，人的情感十分多樣，並沒有所謂不好的情緒，即使是害怕、恐慌，也都是珍貴的情緒，我們要先學習尊重自己的情緒。

「當初把你託給了奶奶，從來沒去看看你，你一定很孤單吧？」

「媽媽在哥哥面前打我，讓我很傷心。」

「你是這麼會念書的孩子，那時候你要求我幫忙付學費卻被我拒絕，應該很難過吧？」

「每次下大雨的日子，大家的媽媽都會帶傘來給孩子，但我都是淋雨回家的那個。」

孤獨、憤怒、悲傷等各種情緒浮現。不過，像是這樣帶著認同和尊重訴說原本被我們認為是負面的、不好的情緒，反而可以釋放過去被我們壓抑著的愛、希望、感謝等正面的情感。

「沒必要生氣，反正都是過去的事了，再怎麼想也沒用。」

這類有害的壓抑情緒的表現，反而會連正向的心念一同壓抑。例如「只想趕快遺忘被忽視的感覺」、「強忍心中的憤怒」、「心裡不安但告訴自己無所謂」，長期下來會導致我們身體中的情緒能量無法循環。就像壓著疼痛的傷口，只會更加痛苦不堪，因此，我們必須改變原本的做法。

所有的情緒都有其意義所在。

「被忽視時可以生氣、危險時可以大叫、生氣時可以說出來、難過時可以哭泣，因為，我是重要的存在。」

我需要這些情緒，需要這些情緒的我沒有錯。要成為重視自己、愛自己的人，要能認同自己的情緒，了解也接納「原來我是這麼覺得的」、「我允許自己有這些想法和感覺」。

而當我們認同自己的情緒，負面情緒就得以被宣洩，進而浮現正向記憶，這時不妨好好感謝自己。也因為自己是重要的，所以我們不會放任負向記憶衍生的傷痛來二度傷害自己。

「我記得那次從床上滾下來受傷時，媽媽在寒冬中光著腳丫背著我跑去醫院。當時媽媽的背很溫暖，在媽媽背上的我好像一點也不害怕。」

「考試考差時，媽媽抱著我，什麼也沒說，而我唏哩嘩啦地大哭了。」

「我發高燒那次，媽媽徹夜在旁邊照顧我。」

正向記憶開始鮮明起來。而生命的品質，端看你如何看待父母。渴求愛，也得到愛的孩子，如今就在我的身旁，從現在開始，你不會再感到絕望與畏縮，因為，你是被愛著的珍貴的存在。

「我也是她的孩子，難道就看不到我嗎？」

——父母偏心、較不受重視的孩子

對孩子來說，愛就像拼圖，而母親能給孩子的不只是愛，也會將自己的缺失帶給孩子。

其中，帶給孩子最大的傷害，就是「偏袒」。或許父母未必察覺，但孩子因為父母偏心而受傷的案例極為常見。父母在孩子之中選擇最軟弱或最強勢的孩子，給予差別待遇，使得這個孩子成為家庭的代罪羔羊（Family's Scapegoat）。

例如孩子在成長過程中覺得冤枉時，可能和媽媽出現如下的對話。

孩子：「媽媽，妳那時候為什麼那樣對我？你對妹妹沒有那樣啊，我那時候很難過。」

媽媽：「什麼啊，媽媽都一樣愛你們，我沒有像你說的那樣。」

＊　＊　＊

孩子：「妳整天只會對我大吼大叫！」

媽媽：「妹妹比較小，你要包容她才對。你是哥哥耶！真是不懂事。」

孩子因為母親的差別待遇而感到委屈，而媽媽卻像是失去那段記憶一般，甚至感到訝異，覺得自己對孩子是公平的，孩子怎麼會有那些想法。不過，行為的定義並非取決於做的人，而是接受的人。因此當孩子有了受傷的記憶，就是出自於父母無意間造成的，而父母對手足的差別待遇，對孩子而言會成為特別難以放下的傷痛。

家族代罪羔羊的概念，是指在家庭（父母）的紛爭中，父母將不安轉嫁到孩子身上（犧牲一位家庭成員），以緩和夫妻關係中的緊張狀態。

例如夫妻爭執時，藉由把孩子視為問題根源來轉移視線，例如把情感投射到最弱小的孩子身上，藉此忽視夫妻間的問題。然而，被選為代罪羔羊的孩子會因此出現心理、行為問題。尤其是媽媽選擇的家族代罪羔羊，雖然和兄弟姐妹是出自於同樣的父母，但在家庭的情緒系統中，將會有如出自不同的父母。

成為代罪羔羊的孩子，可能從小父母一吵架，就要無條件接納媽媽的情緒。他們戰戰兢兢地生活，覺得或許是父母看自己不順眼。然而弟弟妹妹就不同了，弟弟妹妹可以不用看父母臉色，做自己想做的事。成為代罪羔羊的孩子，會越來越習慣放棄提出自己的需求，但是看著弟弟妹妹，又會不斷發現「原來可以那樣子啊」，心中不斷產生不平衡的感覺。長大成人後，如果媽媽仍然繼續轉嫁情緒到他們身上，當他們忍無可忍時，好不容易鼓起勇氣拒絕媽媽，媽媽卻說出：「我對你做了什麼嗎？我連對自己的孩子都不可以說嗎？」往往讓他們感覺更加痛苦。

有時父母可能難以認知自己帶給孩子多大的傷痛，孩子伴隨著傷痛成長，這些沒有解決的傷痛總有一天會再次對家人反撲。

當總是被忽略的你成為父母

有一位太太，她自小覺得父母唯獨不喜歡自己，為此感到痛苦。她上頭有一個姐姐，媽媽偏愛姐姐，自己像是可有可無的存在。媽媽對姐姐的偏心，讓她面對媽媽總是得戰戰兢兢、深怕自己做錯什麼，但還是時常被責罵。小時候媽媽參加她的畢業典禮時，竟然對她說「為什麼只有妳一副土裡土氣的樣子」，這令她大受打擊。

長大成人後，她和姐姐的處境竟然對調了。姐姐過著不穩定的生活，而她婚後過著有餘裕的生活，但是媽媽不斷要求她也要照顧娘家。這位太太說她一想起媽媽對自己的差別待遇，就會怒火中燒。然而，這位太太談到自己的兩個孩子時，在描述老大和老二的神情也不相同，這讓我覺得其中應該有什麼需要深入探索的。

「我們家老大總是表現得很棒，老二就很不好，常常說謊。」

描述孩子是「常常說謊的孩子」，會讓孩子很受傷。不過這在諮商中很常見，很多父母只專注於孩子的問題行為，卻不見行為的真相。老二是天生愛說謊的嗎？這個孩子不過是變成「在家裡需要撒謊的孩子」罷了。因為在父母面前說出實話，可能被罵或被忽視，所以出於內心的防禦機制而撒謊。

相較之下，這位太太很常稱讚老大。即便她比誰都還清楚差別待遇的痛苦，但她仍偏愛老大。她說老二很沒自信、跟她處不來，然而老二的樣子和她「想遺忘的自己」的模樣恰恰相同。在孩子身上找到自己過去的影子，讓她開始討厭起那個孩子。本來以為自己已經忘記被媽媽忽略的痛苦，但一看到老二，又會回想起來。

這位太太的經濟狀況不錯，先生因為工作性質因素，和她聚少離多，可說是由她獨自辛苦照料孩子，然而自己的媽媽不旦沒有體貼女兒的疲憊，甚至提出「也要多照顧娘家」的要求，讓這位太太無意間把這股怨恨都轉嫁到「和過去的自己很相似」的老二身上。

一種是將負面的情感轉移到孩子身上，但也可能出現相反的情況。有的人看到和自己相似的孩子，會把自己兒時沒得到的愛傾洩而出。例如有一位女性在成長過程中，媽媽把所有的愛都給了哥哥，讓她感到嫉妒又孤單，在她成為母親後，婆家和先生都很疼愛老大，喚起了她小時候對於哥哥的嫉妒心，反而偏心於不被婆家和先生關注的老二。

父母會偏愛哪個孩子，無從得知，但看著如同自己的縮影的孩子，可能會讓他們更偏袒或厭惡，不論是哪一種選擇，都會影響孩子的心理健康。

那麼，得到比較多愛的孩子，就會比較幸福嗎？父母偏心，其實會讓所有孩子都受傷。得不到愛的孩子會產生被害意識；得到過度的愛的孩子，會因為無法和父母健康地分化而受傷。結果終究傷害了所有的孩子。

我們會繼承父母的愛，從父母那裡得到的愛，會再傳給子女。承襲自原生家庭的平等概念，會內化到我們的心中，實踐於社會上的人際關係，當孩子接收到平等的愛，未來也較能尊重他人、和他人共享。

被偏愛的孩子未必幸福

受到父母差別待遇的孩子，會成為怎樣的大人呢？透過諮商，我遇到很多在重男輕女或長子為主的家庭裡受傷的孩子。而媽媽情感投射的對象，經常是長子或長女。

曾有一位開朗的男性前來諮商。他看上去並不是習慣壓抑情感的類型，諮商時也如實陳述自己的內心。不過在諮商過程中，他透露出的核心想法是：「我很冤枉」。

詢問他為何感覺很冤枉，他提到自己有一位哥哥，從小母親就明顯偏愛哥哥。「為什麼差這麼多呢？」他一直以來都覺得很委屈，即使長大成人，他仍然無法釋懷媽媽帶來的傷害。

他從小凡事要配合哥哥。哥哥受最好的教育、穿最好看的衣服、吃最好吃的食物，父母的關注都被哥哥給佔據了。他說自己從來沒有上過家教課，爸媽也沒有買過任何衣服給他。不過，後來他還是考上了和哥哥一樣好的大學，現在則任職於知名企業。甚至，他遇到了和自己很契合的太太，看來，似乎不必擔心他的狀況。

弔詭的是，承載滿滿母愛的哥哥，現在活得既孤獨，生活也不穩定。媽媽幫哥哥介紹了另一半，哥哥也照媽媽的意思結婚。後來嫂嫂卻拋下哥哥，帶著孩子出國生活。哥哥和大家的關係也不好，也不常去探望年邁的媽媽。而前來諮商的這位男性，即使這麼努力，媽媽還是心向著哥哥，因此他既不解，又覺得煩躁。

檢視兩個兒子的人生，被媽媽套牢的大兒子，人生並不順遂，而不被媽媽關注的二兒子，過著放牛吃草般的生活，自由戀愛、找到適合自己的對象，過著自己的人生。媽媽看著順遂的二兒子，總覺得「大兒子應該要也過得好才對」，十分掛心。

我是這樣回應他的。

我說：「哥哥得到媽媽完整的愛，但那樣的愛綑綁著哥哥的一生，一輩子都無法自由，只能配合媽媽。想必哥哥也很痛苦吧。」

他回應：「媽媽到了這把年紀還這樣，讓人很煩悶。為什麼就放不下哥哥呢？我也是她的孩子，難道就看不到我嗎？」

我說：「媽媽之所以這麼做，一定有她的傷痛。你擺脫了期待和關注，心理上反而更自由。回過頭來看，所有的選擇權都在於你。就結果來看，目前的狀況也是如此。」

他回應：「我以為哥哥是受惠者，原來他也是被害者。」

父母和孩子未分化所造成的過度溺愛，可能比不足的愛還要致命。父母沒有給予孩子和自己分離的機會，無意間以「你要滿足我的期待」、「我給你很多的關心和愛，你也要配合我」的心態，對孩子施加心理壓迫。要應付這樣的父母，是非常費力的。得到過度的愛的孩子，在孩子之中同樣是家庭的代罪羔羊。他們無法判斷自己想要什麼，總是被父母牽著走，最終成為迷途羔羊。被過度溺愛的孩子、得不到愛的孩子，都會受傷。

修復的瞬間（一）：認清「我已經不是當初那個脆弱的孩子了」

能不壓抑地表達情感的人，臉部表情會較為自然，心理狀態相對較健康；而習慣壓抑情感的人，常常是面不改色、表情不大會有變化的。

一位和太太一同前來諮商的男性，他已屆中年，仍被父母的想法束縛著。他的父母把所有的愛都給了大兒子，也就是他的哥哥，父母的表現使他被迫產生「我不能像哥哥一樣優秀，只要哥哥好就好」的信念。然而，身為弟弟的他明明是位傑出的人才，博士論文甚至得到世界認可，但家裡默許的秩序，就是弟弟不能比哥哥優秀，而他也沒有反抗，甚至常因此畫地自限。然而，那位男性在婚後卻越來越痛苦，因為太太對於丈夫「為什麼都要讓步？為什麼不能過自己的人生？」而感到不滿，夫妻間時有衝突。

這位男性一直在配合原生家庭過活，這對他來說已經是理所當然。他認為自己「不能太好、不能更好」，即使有十足的潛力，但終究無法發揮，因為他覺得一旦自己要求更多、發揮更多，就會打亂家裡的秩序。

特別的是，他的太太卻是會積極表達自己的想法、性格和他完全相反的人，習慣在原生家庭中放棄表達需求的他，婚後卻因為太太的緣故，未解決的原生家庭問題浮出了水面。先生期待太太能替自己發聲，不過，太太在自己的原生家庭也有傷痛，無法忍受先生愛父母比愛她還要多，也無法忍受不被先生肯定的情況，夫妻產生糾紛，太太不禁對先生喝斥：「為什麼你總是在讓步？」彼此都把在原生家庭的傷痛，帶進現在的親密關係中。

這對夫妻的諮商過程並不順利，因為進度遲滯不前，令我十分苦惱。尤其丈夫長久以來建立的自我防衛高牆，讓諮商在原地打轉。我原先打算透過「家族排列」治療，但也未能如願。看著總是帶著憂鬱神情推開諮商室大門的先生，讓我心裡也鬱悶了起來。我想著：「原來擁有豐富資源的孩子也會如此畏縮，原來得不到父母的愛的孩子，即便到了五十歲，還是會露出有如孩童般委屈的表情」。

要解決夫妻間的糾紛，得先面對父母留下的傷痕，才能從過去的負向記憶中解放。這位先生曾經試探地詢問種下糾紛根源的母親，母親卻回應他：「好了，都過去的事了，何必再提？我都忘記了。」就此不願再談。他也提到家裡的氣氛很冰冷，他不容易說出自己的想法，因此也無可奈何。不過，這位先生每週都準時到諮商室報到，我相信他必然有很想說出口的話，我也努力協助他繼續堅持著。

大約過了一年，他開始有了變化。他慢慢願意多說一點自己的事。他提到過去一直在配合太太，有一次他終於強烈主張自己的意見，太太一開始仍然反駁他，但慢慢地開始尊重他的意見。更令人感到激勵的是，他在原生家庭也如願表達出自己的意見了。在某次家庭聚會，當他再次感覺被勉強時，他終於選擇不再忍耐，對父母表示拒絕。他正在慢慢地、慢慢地培養出內在的力量。

他曾以為自己一輩子都會屈服於父母說的：「你的能力就只到那裡。」然而，這位先生到了五十歲，終於能開始正視自己已經不再是個脆弱的、任憑父母定義的孩子。或許年紀還小時，不得不接受父母的話，但長大成人後就不同了。如果內心沒有能力反駁，並做出行動，就會永遠活在父母話語的影子中。即使外表已是成人，也不代表心理成熟，而不安的內心，不只會影響自己，還會威脅現在的家庭，甚至可能帶給孩子傷痛。

修復的瞬間（二）：為自己立下好的預言

不安全依附類型的人，在成長過程中不常聽見父母對他說正向的話，導致他們缺乏自尊、自信。這類型的人，會反覆對自己預言：「我不行」、「我會被討厭」，為了不讓自己受傷，因此先預設自己的期待與信任終究會落空、對失望做好準備，然而往往也印證了如此的結果。

內心缺乏安全感的他們，在談戀愛時，即使是在對方說出「我愛你」的瞬間，他的心底仍然會懷疑。

「他是真的愛我嗎？就算現在說愛我，會不會以後還是拋棄我？就像我媽對我一樣。」

他們可能不斷懷疑，直到對方離開了才後悔，但關係已經劃下句點。其實他們的內心深處，希望透過測試對方來感受安全感。但為了壓抑不安而做出某些行為，並不會讓自己的內心更安定，而要讓關係更穩定，真正應該思考的是「我要怎麼樣才會更幸福？」、「怎麼做才能讓關係更好？」。

人們是自己的預言家。對自己說著「我會變得更好」的人，就會變得更好。對於人生陷入低谷、彷彿已經站在崖邊的人，我會對他們這麼說：

「只要下定決心，你一定會心想事成。你的人生還很長，請先思考自己想要什麼，並具體寫下來，貼在明顯的地方。不過要注意，不能寫下否定句，例如：『我不能／我不要……』，而要寫下肯定句『我要……』。」

我請他們思考實際渴望的事，同時叮嚀不能只是想想，更要付諸行動，寫下正向、具體的狀況，並且貼在明顯的地方，每天反覆地看，並銘記在心。這麼做之後，渴望的事會一一實現。我見證過無數次，所以才能和大家這麼分享。

相反地，只是理性分析著「真的有可能嗎？」、覺得「絕對不可能實現」的人，就真的不會實現。

因此，立下「我要……（正向的作為）」這個預言，十分重要。內心深處的預言會影響人生。我也會對來談者特別叮嚀，絕對不要對孩子說負向的話，至少要將「不要……」改為「要……」。

「你會成為特別的孩子。」

持續和孩子說好話，好話就會變成預言，進而成真。好的話語擁有強大的力量。

我做的語言治療中，有一項稱為「誕生神話」的技法。這是將孩子出生和誕生神話連結，藉此賦予孩子的存在正向意義的治療。

「出生在平安夜，真的很不可思議！你是被特別祝福的孩子，你的生命會充滿愛和祝福，你也會實踐愛。」

「在天國的奶奶聽到爸爸媽媽的願望，特地把最亮的星星變成孩子送過來喔，寶貝，那個孩子就是你喔！」

我會準備特別的預言給孩子。我也一直對自己的孩子說：「你是我向上天約定，會好好珍惜、好好撫養才得到的孩子。」孩子雖然嘴上會說：「媽媽每次都說一樣的話」但好話聽幾百次、幾千次也不會膩的。此外，我也會對已經是成人的自己反覆地說：

「我是特別的人，我的細心和高度行動力，會讓我做的事成功。」

「我是被愛著的。愛會成為我的力量，並且帶給更多人正向影響力。」

預言會烙印在我們的心中，改變我們的大腦。當微小的祝福逐漸累積，終將成為巨大的動能，我們內心期盼的人生也會隨之改變、隨之實現。

當微小的祝福逐漸累積，終將成為巨大的動能，
我們內心期盼的人生也會隨之改變、隨之實現。

Part 3

找回關係療癒力：改寫心中「家」的模樣

從我們的根找尋力量

——關於家族治療

家族治療的起點：看見家族給予的資源與力量

我在諮商過程中漸漸發現，諮商，並不僅是治療內心的傷痛，而是幫助人們發現美好。這份美好，就是感受自己與家人、家族的深刻連結，從與家人、家族的記憶中找回安定自我的力量，我們會知道自己其實是「還不錯的人」，並且感受到家族由根到葉，都在支撐著自己。

在學校授課時，我在第一堂課都會請學生們思考一件事：

「請想想自己的優點，並找出來源。自己的優點可能是受到哪一位家人的影響呢？接下來，也請說說那一位家人的優點。」

我會拋出這樣的疑問，讓大家邊思考自己的家人邊分享。

「我還滿認真的，我爺爺是非常認真的人，我爸爸也很認真，他三十年來都是早上六點出門上班，不管前一天有什麼事、多晚回家，他從來都沒有上班遲到過。」

一開始這位同學有點害羞，但故事說著說著，表情也逐漸變得開朗。

「原來『認真』是我繼承而來的禮物，原來我有這麼好的特質。我應該好好發揮。」

在前面的內容中，我整理並介紹了與母親的關係類型，協助讀者認識自己以及與原生家庭的關係狀態，即使是屬於「不安全依附類型」的人，仍然可以從覺察問題開始，練習不再繼承家族的傷痕。然而，在這一位同學的例子中，我們可以輕易地發現，每個人的特質中，必定也傳承了家族給予我們的正面力量。

我是在德國取得心理學碩士學位的，在進行家族治療的諮商實習時，深深被家族治療的魅力所感動。看著參與諮商者的驚人變化，我完全感受到家族所擁有的療癒力。

要進行有系統的家族治療，必須畫出家族圖、進行家族排列。透過這個過程，可以深刻感受到家族的歷史。家族排列透過展現與調整家族系統，並快速建立新的家族模型。在短短三小時內，就在我眼前展現出強烈又驚人的奇蹟，也讓我著迷於這個治療過程。家族治療並非透過一個人的力量來改變，而是透過整個家族，甚至要重新認識已經過世的父母，一起達成改變。

「也許你以前沒有發現，但仔細尋找，也許你的父母，或祖父母，也曾經給予你力量。這股力量並非你一個人擁有，而是傳承自家族。這是生命中最大的力量，也是生命的美妙資源。」

找尋自己擁有的力量，會讓人們更加堅強。家庭諮商的重點並非在談論父母帶來多少傷痛，而是去發掘自己擁有多麼珍貴的資源。

除了個人特質之外，當諮商進行得不太順利時，將焦點放在個人的脈絡，也能找出解決的線索。了解家族系統間的相互作用，就能看見根本的問題。

發掘家族的力量：對於傷口，你將不再只能感受到痛苦

我到現在還清楚記得，那是爺爺帶給我的奇蹟。國小運動會時，爺爺特地來看我比賽。在準備班級賽跑時，我看到在遠方的爺爺，並且開心地向爺爺揮了手。沒想到，我因為沒有聽到比賽開始的宣告聲，比其他參賽者晚了

一點出發，結果跑了最後一名。想到一定很多人看見我跑了最後一名，當時的我覺得既丟臉又傷心，比賽結束後我也不敢看爺爺，只是低著頭對爺爺說：「爺爺，你有看到我跑最後一名對不對？」沒想到，爺爺大聲地回應我：

「我看我們孫女的跑步姿勢，是所有人裡面最棒的！」

聽到那番話，讓年幼的我覺得既驚訝又安慰，原本不安的心也變得踏實了起來。我挺起肩膀，不再對最後一名的結果感到丟臉。

往後我在事情不順利、陷入自己究竟有沒有做好的苦惱時，都會聽見爺爺的聲音。

「我們孫女最棒了，做得很好！」

爺爺那渾厚又鏗鏘有力的嗓音，至今仍帶給我正向、樂觀的力量。

擔任諮商師的我，在工作中發現我的使命是「尋找傷痕中的療癒力」。我帶著這樣的心意，不特意去找尋來談者的問題點，也能在過程中逐漸理解問題，一切彷彿自然地迎刃而解。因為如此，我了解自己生命的核心資源，就在於此。

家族所傳承的生命力不容小覷。我們無從得知我們與家族的連結究竟多遠、多深，但屬於家族的根，擴展、影響了我們的各方面，相較之下，我從家族繼承而來的傷痛，只是枝微末節罷了。受傷的人，往往不知如何是好，讓自己處於辛苦的狀況，但其實自己擁有來自家族的強大力量，只是因為還不瞭解，暫時只看見傷痕而已，若能體悟自己擁有的力量，就會逐漸看見完整的自我，看見可能性。

只要發掘力量，我們對於眼前的傷口，將不再只能感受到痛苦。

我對來談者不斷強調的是，你是有價值的、是特別的，只是因為現在受傷了，所以還沒發現自己的價值。事實也證明確實如此。

當大家被詢問「你認為自己是有價值的人嗎？」多數人都難以自信肯定地回答。但其實，「你」不只是代表著「你」，在「你」之中，還有「父母、祖父母和沒有機會謀面的祖先」，也是我們的家人。雖然我們極度渴望擺脫過去的恐懼與不幸，希望能以一己之力開展新的生活，但家族是環抱著我們的一切，我們身上有源自家族的力量。當我們能找回其中正向的記憶、感受到在那之中的愛時，我們自然能有自信地說出自己的價值。

改變家族的構圖：從了解彼此到宣洩情感，為心騰出空間

心理成長最大的阻礙就是，認為自己「沒有影響力」，也就是把自己定義為沒有能力帶來變化的人。然而，我們每個人所擁有的影響力，其實比想像中要巨大。家族治療就是在協助我們發現自己內在的力量。

媽媽通常是我們幼年時期的主要依附對象，因為我們當時是脆弱、幼小的，這個初期依附對象足以左右我們的生命。因此，當時媽媽的聲音會內化到我們心中，為我們的行為、判斷、自我價值下定義。如同一種強烈的催眠，在我們辛苦、疲累時，內化的聲音會巧妙滲進我們脆弱的內心。如果我們內化已久的聲音是正向的話語，例如「我是個很棒的人」、「我是有價值的」，就不會輕易被挫折所擊倒。

然而，內化的聲音也可能是負向的話語，那些無法對自己說出鼓勵的、正向的話語的人，心裡都有一部受損的錄音機。父母在我們成長過程中說的話，即使在我們長大成人、離開父母後，我們也會無意識地重播再重播，例如透過我們自己的聲音說出口。當那些縈繞在我們耳邊的話語是負向的，我們就必須脫離那樣的聲音。為了脫離，我們必須在心中寫下新的記憶，也就是至少讓自己聽父母說一次我們想聽的話，感受一次父母的愛，讓內心的那段旋律轉悲為喜，不過，在我們成年後要改變那個聲音，並不容易。

家族治療是透過有系統的療程，來改變心理構造的過程。首先要重建自我的根源。假若現階段已經認定父母印象是負面的，就不容易擺脫負向的聲音。有人可能會想，那我疏遠父母就好了，如此一來我就不會再受傷了，然而，這樣做的結果，會因為愛的根基太貧弱，內心會一直處於不安的狀態。因此，我們要做的並不是和父母斷絕連繫，而是去理解父母，這是絕對必要的功課。

即使是帶給你傷痛、有所不足的父母，也必須試著理解，他們在成為父母之前是什麼樣的人呢？他們在兒時有被好好地照料、關懷嗎？又是為什麼變成現在的模樣呢？除了理解父母之外，我們也要試著將心中受傷的感覺盡可能地表達出來，當複雜的情感被宣洩、消化，彼此互相理解之後，也就能聽見父母說出我們真正想聽的話。

「當時的生活太辛苦了，我很痛苦，沒有好好照顧到你……，對不起，但是媽媽是愛你的。」

當阻塞的情感被表達了，也就有能力自我尊重、肯定自己的存在，心自然會變得寬闊、有餘裕。理想的狀況是，我們可以透過和父母對話來達到情感的暢通，但如果無法直接對話，就要進行虛擬的對話。

什麼是虛擬的對話呢？就是諮商師要幫助來談者重新建立自己刻畫的父

母印象，並從父母的正面印象中，體悟到安全感。透過建立自己心中的「好的母親」的印象，會讓我們感到安心，未來也不容易因為別人的言論攻擊而動搖。

「我也是被愛的，我也擁有能溫柔接納自己的媽媽。」

當家族的構圖改變，歷史也將重新改寫。這樣一連串的過程，就是家族治療。

在自己的內心，與父母和解

曾有一位二十多歲、滿臉憂愁的女性來找我。她提到自己擺脫不了每天都想自我了結的想法，為此非常困擾。當我聽她娓娓道來，了解到其中傳承自媽媽的負面情感極為強烈。

這位來談者的媽媽生長在什麼樣的家庭中呢？這位媽媽和最大的姐姐差了20歲，和上頭的哥哥也差了11歲，是家中六個兄弟姐妹中的老么。這位媽媽的母親因為某些緣故，對於這個晚年生下的孩子感到羞恥，並且對外隱藏這個孩子的存在。因為如此，這位老么從小就認為自己是個不應該存在的人，在成長過程中極度沒有自信。即使她嫁作人妻、生下三個小孩後，依然缺乏自信，而且多次嘗試自殺，她的孩子則日日活在恐懼與不安之中。

對這位來談者而言，頻頻嘗試了結自己生命的媽媽，雖然內在極度沒有自信，對外卻很矛盾地、不斷展現出「別瞧不起我」的態度，並且推開了身邊所有的人。

然而，女兒卻在無意間傳承了這樣的生命態度，「瞧不起」也成為女兒人生的核心情感，所有的感受都被以此歸類。而我必須深入了解，導致這個女兒如此疲憊的核心。

「什麼時候會有自己被瞧不起的感覺呢？」

「隨時都有，即使對方不是有意，只是隨口說說，我也會覺得自己被瞧不起而受傷。」

「那樣的話，和他人建立關係應該很困難吧？」

「最困難的是沒辦法和人建立親密的關係。」

她說就算有人接近她，她也不容易打開心房。建立親密關係對她來說尤其困難，即使是小衝突也會讓她感到非常受傷。

因為怕被瞧不起，所以強迫性地保護自我，避免和他人建立親密的關係，反而讓狀況惡化。事實上，牽引她情緒的是媽媽的傷痛，也就是媽媽認為自己的存在是不被認可的，媽媽對此抱有強烈的憤怒和恐懼，也影響了女兒。我必須要讓這位女兒知道，這樣的情感並不是屬於她的。女兒要能醒悟，才能終止這個惡性循環。

在諮商的過程中，女兒聊了許多關於家人的事，終於了解令她痛苦的淵源。於是，我也進一步了解媽媽的狀況，並且協助母女互相理解。

「我了解在過去的人生中，媽媽有多麼悲傷，也理解了媽媽，我現在明白那不是屬於我的感覺了。」

對於找回自己的她，我不斷反覆對她說這段話，希望能治癒她的心。

「妳是被尊重、被肯定的存在，而我會一直陪妳到痊癒的那一天。」

在我和她對話的同時，我請她試著深呼吸。其實，與父母的和解，是可以自己選擇、自己決定、在自己內心發生的。孩子和父母的關係，並非永遠取決於父母說了什麼話、做出什麼表情或反應。重要的是，我自己想要的究竟是什麼，我要做什麼來達成我想要的結果。當我們能了解並實踐，在過程中，就能終止不幸的循環。

有的人因為過去太過痛苦，所以腦海裡只能反覆想著不幸的事件。如此一來，反而會因為愈思考，愈落入束縛自己的絕望感之中，把自己不斷推向黑暗。而越是抵抗痛苦的人事物，也表示心中不斷掛念著痛苦，同樣會導致更難以脫離痛苦。那麼，究竟該怎麼做呢？

首先，必須重新認識自己的父母。過去沒有解決的情緒，會影響現在的人生，要了解不幸與痛苦的根源，並以新的觀點接納自我，專注於自己的內心，並且聽取自己真正想聽的話語。這個過程，可以讓折磨我們的痛苦和不安逐漸沉睡。

在心中建立「你真正想聽見的話」

有一位男性，他的父親在他的成長過程中沒有扮演好父親的角色，媽媽則母代父職，全心全意地照顧兒子。兒子很會念書，後來也找到了好工作，兒子的表現彌補了媽媽自己的遺憾，她非常以兒子為榮。她的這份心情日漸強烈，強烈到她開始不太關心先生在不在家，什麼事都要求兒子陪著去做，無意間以兒子來取代先生的角色。她總是佔據兒子身旁的位置，因此，兒子不僅沒能談戀愛，更遑論步入婚姻。

狀況愈演愈烈，兒子也開始不堪其擾，於是前來尋求協助。透過家族排列，兒子才了解，原來是媽媽和自己的情緒未分化，也因此下定決心，在和母親的關係中，他必須試著保持獨立的自我。

他選擇的方法非常有智慧。透過家族排列，他塑造出自己希望的母親的形象。當虛擬的母親（在家族排列過程中，亦可由輔助治療者扮演該家族成員的角色）這麼對他說：

「兒子，現在我放開你了，你可以盡情過你的人生、活得精采，這就是媽媽的幸福和喜悅，也是媽媽真正希望的。」

他則這麼回應：

「這就是我想聽媽媽說的話，我會把這段話深深記在心底，並且以後都以此來解釋媽媽的話。媽媽是愛我、相信我、祝福我人生的人，她希望我健康、獨立。往後，我會帶著這樣的信念對待媽媽，即使媽媽做出跟過去相同的行為，我也會用這個方式來理解她。」

過去他一直很難拒絕媽媽的提議，現在他不再害怕了。他說：「往後如果媽媽找我一起出去，我有時間、也想去的話我就會去，當我不想去或沒辦法去的時候，我會表示我不能去，因為我相信媽媽是可以接納我的。」

這位兒子所做的改變，就是改變自己對父母的印象。他從「如果我說不去，媽媽會覺得傷心、覺得被背叛」的想法中解脫了。因為他心中有了媽媽可以很獨立、真心為他著想的印象，讓他的選擇也得以自由。

「我希望的，媽媽也會那麼希望，我會持續這麼想。現在，我知道自己的人生要朝什麼方向前進了。」

對於他的領悟，我給予了熱烈的掌聲。

對於兒子的改變，媽媽一開始可能會難以認同，但是在兒子能持續保持獨立、不被動搖的狀態下，媽媽逐漸了解兒子不會再以自己的心思為主，她便不得不改變。

我們是擁有力量的存在，而且我們能夠妥善地運用該力量來改變人生。不過，這股力量，是在我們能夠認同自己是被父母所愛的情況下才會產生的，即便我們不是在真實的情境中和父母和解，而是出於接受諮商的協助，或者透過內心的自我療癒來完成也無妨，我們要肯定自己是能為自己創造力量的存在。為了創造前進的力量，必須擺脫父母帶給自己的傷痛，進一步建立穩固的自尊、自信根源，有朝一日，我們的人生必定會朝著我們所渴望的方向前進。

創造屬於我們的新故事

——關於家族排列

認識家族排列

在來談者了解內心的傷痕後，我會透過「家族排列」，協助他們培養內在的力量。家族排列是能有效了解當前家族問題的治療技術，有利於來談者覺察自己的家族結構以及對現在家人的影響。

記得曾有位上了年紀的爺爺，被家人帶到諮商室的他非常生氣，一見到我就大聲喝斥。

「我辛苦一輩子把你們養大，現在把我拖來人這麼多的地方要做什麼？想要我跟你們下跪嗎？」

爺爺非常憤怒。我費了好一番功夫，才說服大吼大叫的爺爺，終於得以進行家族排列。然而，在進行家族排列後，爺爺的神情和語氣，簡直像變了一個人。

「我可以表達我的想法，讓孫子了解我的狀況，實在是太好了。我終於有勇氣靠近他們了。」

家族排列的力量十分驚人。不過幾個小時，就能產生如此巨大的變化，我雖然訝異，但在我身邊諸如此類的事情常常發生。

家族排列源自精神科醫師雅各布・莫雷諾（Jacob Levy Moreno）所創造的心理劇。爾後，家族治療先驅之一的心理學家維琴尼亞・薩提爾（Virginia Satir），將名為家庭雕塑（Family Sculpture）的治療技法導入心理劇。他將三代家庭的關係和重要事件標註於圖表上，以檢視家族的全貌，和心理劇結合後，發展成為家族排列的方式。

如前所述，我在德國第一次接觸家族排列時，受到了很大的衝擊。經歷那次的體驗後，家族排列成為往後數十年我主要使用的家族治療技術，了解家族排列的進行方式，以及理解過程中的訊息，有助於進行家族治療，也讓我體會到家族治療的核心價值。

實際上的家族排列，是以家庭成員用身體排列出在家庭的溝通姿態，藉以表達家族關係，也就是以具體方式排列出心理構造，協助家庭成員覺察家庭的互動方式，除此之外，家族排列能一次掌握整體家族體系，與跨世代的關係，了解彼此的相互作用，達到顯著的治療效果。

而在家族排列的事前準備階段，會進行「家族圖分析」（見第189～194頁）。原本來談者的症狀或困擾被視為個人的問題，但透過家族圖檢視，極可能發現並非如此。來談者不過是在家族體系中表達症狀的人，由於家族體系對他來說造成了負擔或痛苦，家族治療師藉家族圖分析，了解家族的整體脈絡和關聯性，能幫助來談者擺脫「犧牲者」的角色，並檢視問題的根本原因。

家族圖分析中，最重要的就是發掘家族中持續反覆的模式。若該模式妨礙家族發展，就必須加以阻斷，家族的問題錯綜複雜，治療者透過分析三代的家族圖，可以掌握來談者和前後世代的連結，並理解其中的糾葛與相關的防禦機制或情緒。

家族圖簡介

家族圖是以自己為中心，利用跨國通用的符號和圖形，畫出包含三代人的家族關係。其中，需要蒐集家族關係的資訊，例如出生和死亡時間、婚姻關係、手足關係等。運用家族圖，我們能掌握家族的歷史和脈絡，繪製家族圖有助於治療師與來談者理解家族的結構，其中，不同的形狀和線條皆有其代表意涵，以下為圖示。

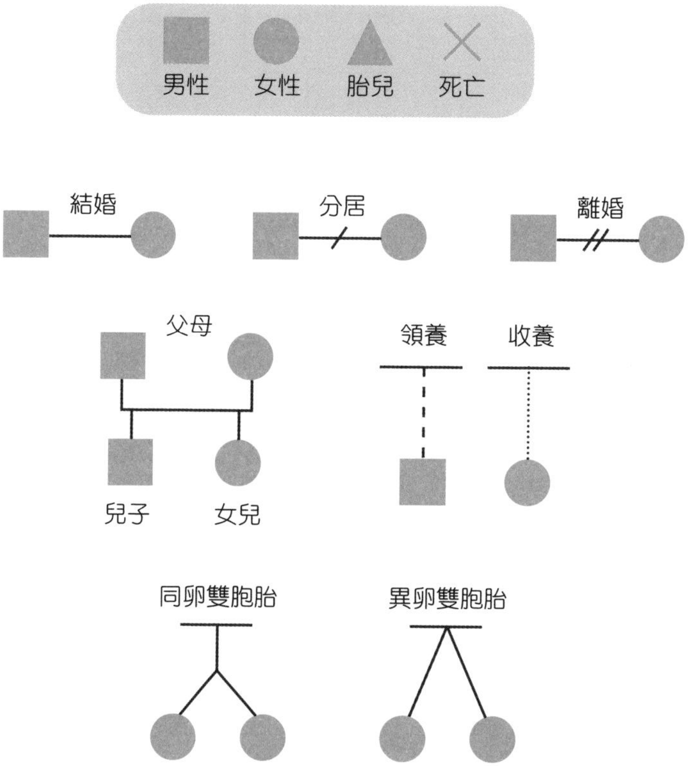

家族圖範例

試著畫出你的家族圖（圖形中的數字代表年齡）

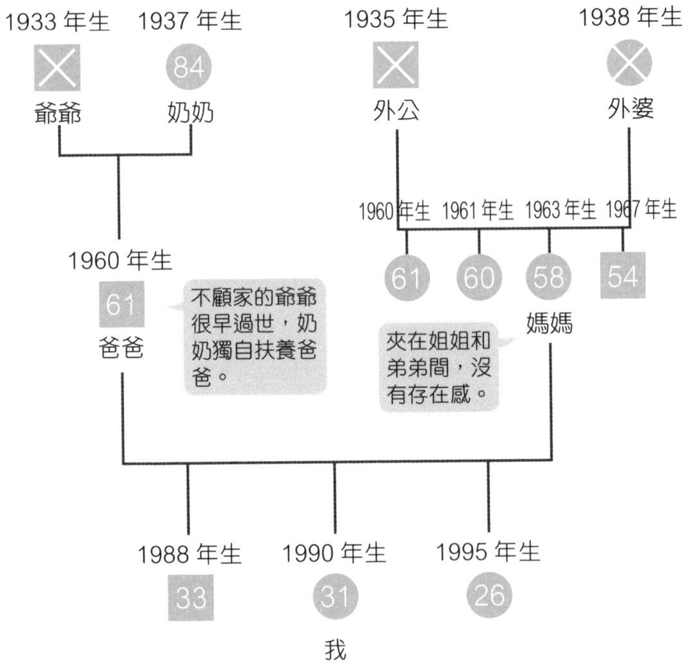

家族圖能在短時間內呈現家族的龐大資訊。不過，這個程序對於還沒準備好的來談者與家人來說，可能是巨大的心理負擔，因為要陳述三代以上的家族全貌，極可能揭露家族成員長期以來想要隱藏，以及感到傷痛的部分。

儘管如此，繪製家族圖仍能協助來談者感受、體驗自己家族的歷史，藉此了解家族的關係脈絡。

多世代家族治療
原來問題不是從你開始的

家族圖分析是透過觀察三代以上的家族資訊，發掘家庭成員間的「家庭規則＊」。在世代相連的部分，理解父母的行為受到祖父母哪些影響，以及父母對孩子做出某種行為的原因。以下為各世代的特徵：

父母

在三個世代居中的父母，扮演上個世代和下個世代的樞紐。中間世代由父母連結，因此，父母的夫妻關係在家族圖中十分重要。關注父母選擇配偶的過程，對於理解家族十分有幫助。檢視父母的配偶選擇和結婚過程，會顯露從原生家庭獨立過程中，各自所

＊編按：「家庭規則是家族治療的重要概念，用來形容家庭個體成員間「重複性行為模式」的家庭互動。家庭規則是一種沒有說出口，但是大家都遵守的家庭互動，受文化、環境脈絡影響很大，家庭規則的內容可能是健康的或是不健康的。例如：「有事只向母親說」、「嚴父慈母」等。——節錄自《諮商輔導學辭典．第二版》（2020.09．五南）

產生的矛盾，因為婚姻往往是變化和重覆的衝突點。父母希望在原生家庭中的大小傷痛，能透過婚姻加以治癒。過去未被滿足的渴望、沒有解決的糾紛以及匱乏感，希望配偶能解決或填補。此外，在原生家庭中經歷、內化的價值觀或生活模式，雙方也會期待能夠藉由婚姻關係改變或改善，這些期待在婚姻初期甚至可能演變為糾紛的主因。矛盾的是，在原生家庭中的糾紛和互動模式，在配偶關係中往往也會反覆重演。

即使夫妻希望透過婚姻實現不同於自己原生家庭的人生，但刻意選擇相反的配偶後，卻有仍然重演原生家庭狀況的傾向。因此，婚姻生活和期待大相逕庭，配偶成為和自己期待完全相反的人。根據精神分析理論，自己在原生家庭中未解決的糾葛，會和配偶重演，藉此表現沒能和父母表達的情緒與情感。觀察夫妻關係的心理變化，可以得知父母在原生家庭中經歷的心理傷痛和未解決的事件，是如何從祖父母世代傳遞而來。

子女

孩子的誕生，是家族中最重要的變化，也是最重要的事件。子女可以視為被父母或其他成人影響的存在，但有些子女從小就扮演著保護家族的機能，而有糾紛或存在關係問題的父母，也可能在心理上利用或操控嬰幼兒。

子女表現出的問題或症狀，可能顯露出家族體系的問題，或是因為家族問題未徹底解決而衍生的現象。孩子的問題嚴重到需要治療時，家族體系可能陷入混亂，但這並非孩子個人的問題，而是體現出家族體系內的問題。表現出問題的孩子，可能是家族的代罪羔羊，而孩子的症狀本身，或許在家族體系中有著平衡的功能。

家族的問題可能透過最弱小的孩子體現，也可能爆發於最強勢的孩子。孩子的症狀可視為一種家族忠誠的樣貌呈現，但就結果來說，也是孩子犧牲自己的發展和成長，讓家族凝聚。

兄弟姐妹

了解子女間的手足關係十分重要。僅次於父母子女關係的，就是手足關係。若說父母子女關係是垂直關係，手足關係就是水平關係。手足關係是家族中唯一的水平關係，在家族的重要體系中創造公平性的概念。出於公平性的手足關係，初期有成長階段對於父母之愛的爭奪，成年後則有遺產之爭。此外，子女中若有身心障礙或疾病，會對其他手足造成巨大的影響。父母如果專注於照顧病痛的孩子，其他孩子可能產生被孤立、不被愛的感覺，導致心理受創。

祖父母

祖父母是家族的歷史象徵，也是傳達過往資訊的存在。年邁的祖父母可能做好離世的準備，也致力於讓家族團結。健康的祖父母在父母和孫子之間，同時是物質和心理上的支持角色。當無法再感受到「更有能力的自己」時，祖父母會產生身心的變化。透過家族圖分析，若父母世代表現出對祖父母世代的抗拒，可能是源自於對自己父母的怨恨、憤怒被壓抑了，或是被困於不安、罪惡感、羞恥感之中的表現。

第一階段：開始家族排列

家族排列的第一階段，會讓家族成員在舞台上，各自透過實際的物理狀態如：身體的方向、距離等，表現家族成員間的心理關係。例如當個案表達出「我和媽媽關係很親近」時，我就會向媽媽走近；而如果我表達的是「我跟媽媽彼此不合」，可能就會以「背對背」或「較遠的身體距離」來表現。

每個家庭成員盡情以表情、肢體動作表達內心的家族結構，治療者也會協助家庭成員表現得更具體。例如當成員說出「爸爸很強勢，我很害怕他」時，手可以做出對父親指指點點，但身體則是畏縮的模樣；而如果說的是「我心裡像放了一顆大石頭一樣沉重」時，就會表現出有如背負著石頭般駝背的姿勢；媽媽若感覺和孩子很親密，也可以緊抱住孩子；希望和家人保持距離的人，可能會站在窗邊或角落的位置。

當表達完初步的家庭結構時，我們會稍微暫停一下。接著讓家族成員轉為觀眾，先退到舞台之外。現在，由輔助治療者代替剛剛在舞台上的家人。代替家人角色的人，很自然地湧出該角色相應的情緒，例如憂鬱、煩躁、憤怒、悲傷等情緒。此時，家族治療師則會引導並輔助台上的角色訴說自己的真實情感。

家族是一個體系，同樣存在位階等級。我會從年紀最大的人開始，一一詢問參與的所有人心中有什麼感覺。要注意的是，絕對不是詢問他們如何判斷彼此的親疏關係或如何解決問題，而是讓每個成員盡量表達當下感受到的情緒，例如：「生氣」、「煩悶」、「孤獨」、「開心」、「難過」等，並且避免過於邏輯性的敘述。

而當我們真正的家人在擔任觀眾時，雖然看似是保持距離在觀看舞台上的狀況，但往往也會出現同樣的感受，發出「對，我就是那樣的感覺」的感嘆，同時也有機會聆聽其他家人真實的想法，例如：「啊，原來爸爸的感受是那樣，原來媽媽是那樣想的」進而能理解家人。

第二階段：創造新的家族結構

接著進行家族排列的第二階段。第一階段會出現正面情緒，也會出現負面情緒。第二階段則要讓所有人自己移動位置，透過調整位置，讓不舒服的感覺消失。在現在的家庭結構中感覺孤獨的人，可以靠近其他成員，而感到有壓力的人則可以遠離他人，創造自己舒服的距離。因此，這個過程會有許多移動，並非透過單一成員移動來調整，而是多人同時移動，因此並不容易。例如其中一人靠近另一人時，對方可能會感到有壓力而後退，也由於是同時移動，所以可以一眼看出雙方的需求。

當各個成員移動成新的家族結構後，接著要再次一位一位詢問。

「在新的結構中，你有什麼感覺呢？」

每個家族成員一一敘述自己的情緒，或者提供像是「覺得很好」、「不太好」、「不舒服」等。

當家族成員在這個階段能夠找到感覺舒服的結構，就代表從這個過程中獲得了力量，只要稍微再努力一下，就能穩固這個好的結果。順利的情況下，就能進行下一步，也就是思考維持該結構的具體實踐方法。

「要維持這個新的、好的結構，大家各自能做的具體行動是什麼呢？」

其實進行家族排列的多數人都難以調整出彼此自在的結構。即使表面看起來已經可以了，但很微妙地，心中還是會感覺悶悶的、不太舒服。遇到這樣的情況，不能保持表面的和平，而是要透過更深入了解家人，找出隱藏的創傷。

如果家族無法在第二階段找到成員們都感覺舒服的結構，就需要進行第三階段。

第三階段（一）：夫妻對話

第三階段的目的是讓彼此更深入了解原生家庭。

我們必須往上一個世代看，各自檢視爸爸、媽媽的原生家庭。至於開始的順序，要從爸爸開始，還是從媽媽開始呢？我的方式是，從有較嚴重創傷的那一方開始。而家族成員的角色，同樣由輔助治療者代替。

首先，排列媽媽在成長階段感受到的家族結構。即使嘴上說著「以前的事，都過去了」，但內心的情感是難以說謊的，當情感自然湧上，就會開始不斷地述說。待大家都有了同感後，接著就進入第三階段的治療部分。

在這個治療階段的開始，會由爸爸、媽媽的父母這一代先開始進行夫妻對話。創傷的造成，往往是由夫妻糾紛轉為父母與子女的糾紛，因此夫妻必須相互理解，解開夫妻間累積已久的怨憤。

「過去我沒有照顧家裡，妳應該很辛苦吧？對不起。謝謝妳一直努力照顧這個家。」

「我那時候真的很恨你，你現在能明白我的痛苦，我覺得心裡好受多了。」

上述是祖父母輩的對話，而在對話後，我再次詢問兩位的心情如何呢？」爺爺表示「心裡好像輕鬆多了。」

透過對話，夫妻的關係有了變化，藉由化解彼此對過去的埋怨，找回凝聚力，而找回凝聚力的夫妻，也就能開始真正關愛孩子。

第三階段（二）：父母與子女對話

在子女與父母背道而馳的家族結構中，子女對父母的埋怨往往難以說出口。必須在夫妻間產生凝聚力、能夠關注到子女的情況下，子女埋藏已久的情緒、想法才有表達的機會。

「孩子，過去沒有好好照顧你，你應該過得很辛苦吧。以前我不明白你的感受，也沒有讓你有機會表達，對不起。」

聽到父母這麼說，通常會引爆子女蓄積以久的憤怒。

「現在才說這種話有什麼用？那時候應該對我好一點。現在說那一兩句話，我就應該要消氣嗎？」

其實能夠表現憤怒的情緒，是健康的表現。如果子女的反應是淡然地說：「沒關係、好了啦。」表示心裡還處於對父母防禦的狀態，內心深處還是認為「就算我說，也沒有人聽吧。反正他們也不會了解，幹嘛要說？」就此掩蓋了渴望表達與被理解的心情。這時候就需要治療師加以激勵。

「表達自己的情緒是好的，表示你願意信任父母，所以才敢表達自己真實的心情。你可以不必擔心。過去想說的，都可以說出來。」

我持續鼓勵身為子女的他們把想法說出來，當子女抒發了內心的情感之後，心裡會變得平靜。父母尊重子女有表達的權利，這個過程，也是治療。

解決心中長年的埋怨之後，孩子也能開始看見父母的好。這時候，孩子才會真心接納父母說的「對不起」，也才能夠相信一切是會變好的，父母才能真正成為孩子的力量。因此，要先解決憤怒。孩子自己先發洩情感，再讓父母說，當彼此的情感都能自然宣洩，擺脫原生家庭創傷的過程便完成了。

第三階段（三）：治療者代替家人角色說話

如果祖父母原生家庭的創傷太嚴重，恐怕也沒有辦法順利地對話。例如爺爺可能會以一句「我不覺得對不起太太」便結束對話。深入檢視，會發現爺爺因為有太多巨大的創傷，也許是因為父母而極度痛苦，或本身是戰爭後存活的孤兒，抑或成長於破碎的家庭，由於創傷過於嚴重，因此無力關照他人。這種情況之下，比較適合的方式是，從心裡更有餘裕的人開始道歉。

當對話無法順利進行時，治療師可以介入，以家族圖為基礎，代替其父母的角色說話。

「你是我們重要的孩子，因為戰爭的悲劇，導致你一個人留在這個世界上。自己一個人活著，很辛苦、很難受、很孤獨吧？爸爸媽媽真的很對不起你。」

接著爺爺開始慢慢透露出覺得「很辛苦」、「很孤獨」、「很生氣」等情緒，這時，如果奶奶不容易接納先生的情緒，很可能是因為奶奶在原生家庭中也有難以解決的傷痛。此時，治療師也要介入，代替奶奶的父母說話。

「當時我不應該那樣的，但實在過得太辛苦，不得不把小小年紀的妳送養，讓妳這麼辛苦，真抱歉。你應該很想爸爸媽媽吧，我們卻都不理解妳的心情，真的很對不起。」

在對話順序上，是從父母彼此溝通→子女和父母溝通→子女和其伴侶溝通，家族成員們在理解創傷的源頭以後，也能逐漸將眼光放在自己的傷痛之外的部分，感受這個世界的其他刺激，這時就能再次回到第二階段，再次嘗試創造新的、好的家族結構。

「現在你是自由的，請創造自己希望的家族結構。」

家族成員們才能開始創造起初不可行的結構，並有自信地說出自己的想法。當太太說：「你外遇時，我真的很悲慘，真的很恨你、很生氣」，以前先生總是生氣又充滿防禦地回應：「我哪有？是你在外面花了不少錢吧？」但在治療創傷後，先生說出了：「真的很對不起，現在回想起來真的很後悔，讓妳和兒子因為我這麼辛苦，真的很對不起」。透過互相理解、道歉、體諒，在過程中也有了創造新結構的力量。

在新的結構中，父母能夠很輕鬆、自在地和孩子保持適當距離，但整個家族仍是同心的，原本總是認為自己要守護父母的孩子，也開始改變，了解到「原來我不用這麼擔心爸媽，原來我把自己照顧好就可以了」。孩子能產生正向的想法，父母也會因此感到欣喜。透過家族排列的過程，協助整個家族懷抱希望、期盼人生向前邁進。

最後階段：不忘與家人一起創造的奇蹟

家族排列的最後一個階段，是找出維繫好的結構的實踐方法。在治療者的保護和支持下，找出家族成員更好的未來和發展，並賦予更大的意義。

「這個結構很好，請說說看能維持的具體方式。不能說：『要更珍惜對方、多讚美彼此』這種模糊的方法，必須是具體的實踐作法。」

接著，我會請大家各自說出自己能實踐的方法。

「我會準備美味的晚餐。」

「下班回家後要問問孩子、關心孩子的校園生活。」

「先生早上到公司後，要傳個可以幫他加油打氣的訊息。」

「下班回到家時，要大聲說：『我回來了！』並看著大家打招呼。」

一週後，我會詢問大家是否確實實踐。

特別介紹家族排列的原因，在於家族排列展現了家族治療的方向和整個體系。家族排列透過了解家族現在的結構，並且創造更好的結構、幫助各自的角色前進。家族排列的結果，可能是夫妻平和的離婚，也可能是重修舊好等，並不一定。這無法由一個人決定，而是家族成員一起參與、一起找出更好的結構來。

我進行家族排列的同時，見證了無數的奇蹟。雖然過程可能只有短短三小時，效果卻往往如同進行二十次諮商般驚人，並且能帶來長期的效果。看著家族的驚人生命力，也讓我決定這是自己想走一輩子的路。現在的我也仍在體驗這樣的力量。

曾有一位令我印象深刻的女性，她看著原本問題層出不窮的家改變了，淚流滿面地對我說：

「我應該一輩子都不會忘記今天。過去我很怨恨媽媽，原來我了解的並不是全部。我以為一切絕對不會改變，但是現在，我覺得自己有勇氣去做任何事，感覺好像來到了嶄新的世界。」

雖然世界不會改變，但想更了解家人的心、想見證變化的可能性，就足以讓我們的內心掀起巨大的變動。這對於每個人來說，都是奇蹟般的事。而這個過程對我們來說，既是激勵的訊息，也是未來前進的巨大能量。在體驗這樣的力量後，我是這麼說的：

「今天，我們又見證了一個奇蹟。」

我們是擁有力量的存在，
而且我們能夠妥善地運用該力量來改變人生。

Part 4

維繫幸福關係的關鍵：家族治療師的觀點

你準備好做出改變了嗎？

最重要的是具備改變現況的意識

家庭諮商分為兩個部分，第一是「說明」。這個部分會讓來談者具體說明自己的困擾，是覺察問題並面對問題的過程。過程中可以幫助來談者更理解自己，同時自我療癒。

第二則是「實踐」，也就是要讓實際行為和關係產生變化，讓人生有實質的改變。「實踐」會帶來具體的變化，不過也很可能只流於表面的改變，若治療師往更深處探索，可能會發現來談者長期不被理解與安慰的部分。相反地，以「說明」的方式，雖然沒有立即性的變化，但具有持續而深遠的效果。因此，家庭諮商需要綜合「說明」和「實踐」兩個部分。

透過諮商，了解自己的傷痛從何而來，並治癒傷痛的，是透過「說明」來實現，並且，也要透過「實踐」的方式，幫助來談者產生實質改變。

那麼，接著來了解如何綜合「說明」與「實踐」。

「每天下班回家就要聽你碎碎唸，所以我才會晚回來。」

「你說什麼？明明就是因為你都很晚回來，我才會唸你。」

一對夫妻進入家庭諮商室，可見在對話中，彼此都把自己的行為合理化，大力主張問題的原因在於對方。透過「說明」，可以讓彼此了解狀況，讓各自的固執消退。

「原來你是這樣想的，所以才會那麼做，你應該很難過。我一直覺得自己是對的，讓你覺得不被認同，你很生氣吧？」

若雙方能達到這種程度的彼此理解，等於完成百分之八十的治療了。接著就要思考如何進行「實踐」的部分，才能讓正向的改變持續。

若以家族排列為例，找到家族的新結構，「說明」階段就完成了。接著會進行實踐階段，找出可以維持新結構的方法。

「接下來的一週，各位要做些什麼呢？」

若在孩子盯著父母看的狀況下，詢問接下來父母能做的行動，可能會讓父母有些不自在，但這個方式能引導出好的行動，如「晚上要煮好一桌熱騰騰的飯菜」、「先生回家時要開心迎接他」等日常生活中能實踐的正向行為。同時，也要思索能長期維持的方式。

綜合「說明」和「實踐」，能找出改變之路，不過兩者都需要來談者願意改變的意識。諮商過程中遇到的最大困難，就是來談者始終沒有敞開心房。即便共同做了許多努力，然而當問題擴大時，來談者就選擇中斷諮商。

每個人願意改變的程度不同。許多人都是帶著傷痛長大的，即使是別人看來很順遂的人生，仔細觀察，會發現內心存在大小不等的傷痛。有的人在獲得幫助後，能夠馬上內化、做出改變，也有人會乾脆地回應我「我做不到」、「我的問題我會不知道嗎？」帶著不滿和不信任，將我說的話拋諸腦後，這也會讓我深感挫折。

問題確實不容易解決，要做出改變，必須努力放下原本的執念。來談者可能沉浸在同樣的狀態裡，卻渾然不覺，必須試著敞開心胸、放下防備地和治療師合作，那麼治療才會真正產生意義。

正向解讀的影響力

大學時，媽媽說的一句話鼓舞了我。當時我滿心期待到學校廣播處打工，但實際開始工作後，發現事情接踵而來，還得一邊兼顧課業，實在忙不過來，我開始猶豫要不要繼續那份工作，非常徬徨。不過，因為擔心媽媽會對這樣的我感到失望，所以我選擇忍著不說，然而媽媽似乎發現了我的狀況，她對我這麼說：

「你選擇了那個工作，那就是你的責任，你要盡力承擔。你要相信，是因為你可以承擔，所以才會交付給你的。」

這番話讓我對於工作不再感到費力。這個責任對我而言，不再是犧牲與負擔，而是能力與價值的肯定，這讓我之後做起事來充滿了滿足感。為現況賦予正面意義，可以帶給我們很大的力量。

相較之下，當來談者選擇開始治療，對於現況而言，就已經賦予了正面意義。例如有一位先生向我抱怨「太太總是無精打采、很憂鬱」，這時，我並不是建議先生「要求太太找方法轉換心情」，而是建議先生對太太說「也許妳需要休息，給自己一點時間」。這麼回應，先生會認為自己並不需要立刻做些什麼，而放下背負太太的情緒的責任。這不僅能夠讓先生的狀態平靜下來，太太也不必再因為自己的憂鬱而感到歉疚。

關於個人特質的部分，也是如此。例如，有些來談者非常敏感，在諮商時會不斷地反駁，讓治療師陷入困境，難以發言。不過，我會這麼說：

「在我看來，你擁有找出問題點的能力。」

一句話，就足以讓對方的態度改變。

「是啊，我的本意不是為了反對而反對。只是為了找出關鍵，可能讓您有點不舒服。」

當狀況緩和下來，互動也會有所不同。治療師需要適度調整，配合對方的狀態和情感說話。

聽到自己被正向解讀時，我們的自信會提升。當自信提升後，才有機會卸下防備，表達真正的感覺。

「是啊，我的本意不是這樣，因為你都不聽我的話，所以我才大聲吼的。我其實希望家裡的氣氛是好的。」

當人卸下了防禦機制，就不會只談負面的事情，而會談談正面的事情。

也有人總是在說負面的事，例如擔心天氣狀況、擔心考試靠差。如果只是對這樣的人說：「不要想太多了，那些事情沒有必要煩惱啦！說點好的事吧」，對方絕對不會改變。必須要嘗試將他的談話賦予正向意義。

「原來你在擔心之外，也會做充足的準備很謹慎、很仔細呢。」

不再談論負面的部分，而是轉換框架，轉為討論與正面肯定他的「謹慎、仔細」，透過改變言語、轉變意義，問題就會自然消失。

透過反向行動，破除僵化的互動

也有無法單純透過正向解讀來處理的情況。例如針對「成癮行為」。

「注意一週裡有幾天是『沒有喝酒』的，集中在『沒有喝酒』的日子就好。」

如果一週喝了三次酒，就代表有四天是沒有喝酒的，我會詢問對方那四天做些什麼事情，引導對方轉移注意力在「喝酒以外的部分」。

另外，也有「採取和平時相反的態度來應對」的方法。利用轉變為不熟悉的互動模式，讓對方不知道如何反應，就能擺脫原本的負面循環，在「關係」的處理上很適用這個技法。

有一對夫妻往往一開口就會吵起架來，例如先生下班回到家，看見零亂的家裡，於是對太太說：「家裡怎麼變成這樣？妳到底都在忙什麼？」太太則回應：「你以為我在家是在玩嗎？」如此對話，必然會引發爭執。現在來嘗試看看不一樣的回應方式。

當先生處於憤怒的狀態時，太太不要直接回應先生的憤怒，而是順著先生的意思回應：「對啊，我也覺得家裡太亂了。」」，利用出乎對方意料之外的反應，讓對方無法持續維持過去習慣的互動方式。如此一來，就不會引發爭執。

如果情況嚴重，已經到了「一想到對方所做的行為，就會瞬間感到非常厭惡時」，不妨嘗試製作「討厭清單」。首先，試著寫下預估對方一週會做哪些討厭的行為。

預期的負面行為：亂丟襪子、亂丟垃圾
預期一週發生次數：寫下預估各行為一週會發生的次數

寫下預想的行為後，當對方做出該行為後，不要直接反應，只是去記錄行為的次數。

實際測試後，常常會發現對方做的次數比自己預期的還要少。而這也適用於和父母的關係。例如，寫下預期父母會做的負面行為：

預期的負面行為：打電話向我抱怨、無預警跑來家裡

寫下來以後，因為只是做記錄，不對該行為做出反應，無形中等同於改變了自己原本的態度。

我們無法理解的他人的行為，往往是「一個巴掌拍不響」，更多是「互動關係的產物」。彼此無意間做了負面的舉動，才導致關係惡化。

家族治療中，有關係存摺的說法。在關係中持續放入加分的行為，互動必然會有相互受惠的效果。我先微笑，對方就會微笑，我先泡咖啡給對方，對方也會泡咖啡給我。如果怒瞪著對方，對方也會瞪回來。然而，夫妻和親子間的負向互動模式往往淵遠流長，是因為一而再、再而三做出傷害對方的舉動，導致落入長期的惡性循環中。

「都是你讓我心情不好！」

「你說什麼啊？你才讓我心情不好！」

如此循環，關係中只剩下負面印象。當我們困在其中，往往無法轉換互動的方式，也無法相信如果自己改變、對方也會跟著改變。在這個過程中，容易流於對方是衝突的始作俑者，而自己則是受害者的觀點。

必須翻轉這個過程。一切還是可以從自己開始。如果希望對方做出某種正向的反應，就要做能引發正向反應的刺激。

例如「因為我是你媽才提醒你」這句話，這可能是媽媽常說、但我們很厭惡的嘮叨。如果想要顛覆，要先想想如何才能讓媽媽改變。在關係中，「尊重」相當重要。

雖然聽到媽媽的嘮叨就覺得厭煩、不舒服，但可以轉換成關心的角度看待。媽媽是透過嘮叨，傳達她的不安和想法。在媽媽的行為中，找出正面的行為和態度，將焦點放在善意循環，持續刺激，就能改善彼此的關係。

如果沒辦法一下子就做出正向行為，不是因為自己辦不到，而是總會擔憂對方還是給予負面反應時，例如「如果我對他好，他不接受怎麼辦？」、「被罵怎麼辦？」等想法。這表示你的目標可能設定得太高，或者太以對方為主，這時需要轉換為讓自己比較舒服的方式，不去想對方的反應，也可以像「小天使」遊戲般，以默默對對方好的方式進行，但要讓對方能感受到「你對他好的行為」，如此一來，對方也會自然開始思考「自己有沒有對你好的地方？」如此一來，就能漸漸開展正向的循環，請仔細體會。

你如何看待自己，決定你的人生

在我們的日常生活中內化正向想法，很多事情都會改變。

有位女性來談者，身為大女兒的她，從小就被媽媽要求「妳是姐姐，多讓弟弟妹妹一點」。然而不管她做得再好，媽媽都沒有肯定過她，甚至讓她懷疑起「自己究竟是不是媽媽親生的？會不會是撿來的？」。

她開始無法擺脫那個想法。有太多事讓她起疑，她開始找尋證據，並且深信自己不是媽媽親生的孩子。雖然煩惱得幾近崩潰，她卻無法脫口問媽媽，因為如果那是事實，她害怕自己沒有能力承擔這個打擊。

她長期對我訴說混亂的心情，而我無從得知真相，但比起真相，我更專注於她內在擁有的力量。我很訝異，這位沒有靠山、靠著勤奮和卓越的眼光白手起家的女性，即使原生家庭帶給她許多痛苦的記憶，她仍事業有成。

「媽媽總是要妳犧牲，真的有些無理。但妳意外地發揮了自己的能力，開創了自己的事業。我覺得這真的是很了不起的力量，而且更重要的是，妳現在的家人，包括先生和兒子，也非常尊敬妳。」

集中在自己所擁有的力量上，而非凝視著過去。

「妳辦到了別人辦不到的事。不需要被負面的事情束縛，試著集中在自己的能力看看。妳一定有自己想要做的事。想想看，妳渴望的是什麼？」

「我接受諮商以後，得到很多幫助，也對諮商這個領域很感興趣，想要多了解看看。」

結束了與她為期一年的諮商後，某天我偶然遇見她，我非常訝異於她的變化。她將自己的工作和諮商結合，開創獨具特色的新事業，並且在業界佔有一席之地。她看上去既有自信又幸福，當時她對我說了一段令我印象深刻的話。

「治療師，我那時候總想著負面的事，所以很痛苦。但很奇怪，當我開始去看自己的優點、看正面的部分以後，很多事情都改變了。我了解我媽媽對市場的敏銳、眼光獨到，而我也有這個優點，而且幾個孩子中只有我有。以前我懷疑自己不是父母親生的，現在覺得我怎麼會有這種煩惱。我現在覺得自己很好、很滿足。」

思考的方向改變，能改寫我們對於生命的滿足度。正向面對人生，就能有餘力去檢視我們所擁有的能力，於是，很多事情就自然被改變了。

你是否愛你所擇？

有位女性因為先生經商失敗，原先安穩的生活瞬間面臨危機。她和先生分開後，狀況愈來愈糟，她也沒有餘力顧及自己的心情，為了拉拔兒子長大，她必須全力解決經濟上的困難。

然而，她對自己沒什麼自信，不知道自己可以做好什麼事。諮商過程中，我也陪伴她苦惱著。直到某一天，她想起小時候和早年過世的媽媽一起做年糕的幸福體驗。她說當時為了家族聚會，會和媽媽一起做年糕，摸著年糕的觸感，就如同撫摸著媽媽的手，也彷彿媽媽就在身旁守護著自己。

「那段時間非常幸福。雖然媽媽很早就過世了，我很想念她。媽媽指尖的溫暖觸感，我到現在還記憶猶新。」

平時就喜歡料理的她，最後決定開間小年糕店。她開始積極打工，籌備創業所需的資金，年糕店就開在自己住家附近。她說這段時間雖然是人生中很混亂的時期，但她也因此更瞭解兒子，十分努力地生活著。而且，她的年糕店透過口耳相傳，成為知名的特色年糕蛋糕店。後來再見到她時，她對我這麼說：

「一開始真的很辛苦，很多人不看好我、阻止我。我整天擠在小小的空間工作，身體也不舒服。不過有一天，看著一位客人提著我的年糕蛋糕，讓我開始有了新的想法，我覺得自己是創造特別的回憶的人。我的客人是為了慶祝特別的日子而來，而我聆聽客人的故事，再為他們做出獨一無二的蛋糕。大家感受到我的用心，才有了今天。我的孩子說媽媽是一位認真努力的人，他們覺得很帥氣、很有面子。」

她還提到過去很辛苦的時候，非常渴望能和孩子回到有兩個房間的家，彼此都可以好好放鬆休息，現在願望已經實現了。最重要的是，她已經找回過去錯過的幸福。

我們所做的每一個重大抉擇，理所當然會伴隨苦惱與不安。例如要繼續待在這間公司，還是辭職換一間？要不要分手？要不要離婚？要不要換個地方生活？這些都不容易做決定。而比做決定本身更重要的，是之後是否能「愛我所擇」。對於已經發生、自己選擇的，努力相信、承擔，就會變成正確的選擇，反之，無形中就會變成錯誤的決定。唯有如此，遇到意料之外的變數時，才能有勇氣接納，並度過危機。換句話說，內心想法會決定結果。

自己的人生、和他人的關係也是如此。自己有多喜歡自己的選擇，其實就已經決定了結果。重視孩子、重視伴侶，在他們身上找到正面的價值，並肯定他們的存在有多重要，當孩子了解到自己是在父母的愛中成長的，關係也會慢慢改變。

回想小時候和家人的回憶，或許會察覺到自己在關係中有某種固定的互動模式。雖然，長久累積的互動習慣、不舒服的感受，無法在短時間改善，不過我們要留意的是，現在的自己可能因為過去的傷痛，讓我們無法真實地感受對方。當自己能認知到「原來我是這樣想的」，這個認知就已經是讓不安與孤獨沉睡的契機。透過重視自己、理解自己、注入正向的記憶、轉換思考的方向、做出不同以往的行動，就能改變現狀，進而改變人生。

找到你的珍貴之處，享受你所擁有的力量

我面對的來談者，都是初次見面的人。我沒有參與他們的過去，但我聆聽他們的困擾、痛苦、內心糾葛，以及他們訴說的故事。我專注於他們說的話，也看見他們的不足和問題點。

即便如此，諮商仍有其侷限，時間有限，地點也被限制。儘管如此，我仍努力在諮商的有限性中，深度了解一個人、一個家族，進一步治療他們長久以來承受的傷痛，協助改變他的人生。

所有人都在造物主的計畫下誕生，所有人都得到絕對的愛，沒有人是意外，也沒有人不應該誕生。大家是帶著各自的意義來到這個世界的，而每個人的特色不盡相同，但也因為如此更有價值，每個人也都應該被尊重。不過，我們生活在這個世界上，很自然地會因為各種原因而受傷，導致暫時失去自己的特色。

人類有守護自我價值的需求，這是人類的基本慾望。德國費希塔大學Peter. Kaiser教授將這個需求整理為：愛和依附、自我認可、趨樂避苦、掌握狀況並調整方向，四個程度的需求。

四種需求中，「愛和依附」是帶給我最多省思的。這是人最本能、最原始的需求，也是守護最基本尊嚴的需求。喪失這個需求根源的人，會失去對自己的支持、對人生的希望感。這個需求若受到挫折，即便已經長大成人，仍會不斷如孩童般找尋母親的愛。

「愛和依附」是支撐我們長遠人生的根源，幫助我們度過艱困的每一天，我們要尊重自己有這個需求，若這個需求不被滿足，我們可能會與人疏離、不願意建立關係，甚至可能出現暴力行為。這些防禦行為，不僅會造成個人的耗損，也帶給周遭的人負面影響。

諮商過程中，我遇過無數的問題。不過撇除問題行為和狀況，就會看見原原本本的「人」。由於他們的基本需求不被滿足，才衍生了問題，而問題的引爆再讓關係中的人痛苦，這麼去理解各種狀況，就會發現一切都是有希望的、可能改變的。之所以這麼分享，是因為我帶著這樣的信念進行數十年的諮商，不只是來談者，我自身也得到許多幫助。

和自己的關係也和諮商一樣。如果始終認為「我就是那種人」，以此畫地自限，那麼我們將什麼也做不了。如果認為凡事都有所本，願意真心去理解，並抱持「我能做出改變」的意志，就更容易找到問題的解方。

如果不能尊重自我價值、自己的特色，這個世界對於你的意義便是僵化的。即使再困難，即使受到侷限，只要我們願意改變想法，就能讓人生萌生新希望。因此，我一直想傳達這番話。

「你能帶來許多變化，你也絕對是擁有影響力的存在。」

希望大家能找到自己的珍貴之處，並享受自己的力量。

你能帶來許多變化，
你也絕對是擁有影響力的存在。

台灣廣廈國際出版集團
Taiwan Mansion International Group

國家圖書館出版品預行編目（CIP）資料

如何相愛不相害：從依附、怨懟、到彼此成全，透過家族治療，探索影響你一生家庭關係的自我成長修復書/李南玉作. -- 新北市：蘋果屋出版社有限公司, 2021.06
面； 公分. --（心發現；11）
譯自：나의 다정하고 무례한 엄마 : 엄마가 준 상처로부터 따뜻하게 나를 일으키는 감정 수업
ISBN 978-986-06195-5-3（平裝）
1.家族治療 2.家庭關係 3.家庭心理學
544.186 110006205

蘋果屋
APPLE HOUSE

如何相愛不相害

從依附、怨懟、到彼此成全，透過家族治療，探索影響你一生家庭關係的自我成長修復書

作　　者／李南玉
譯　　者／陳靖婷
編輯中心編輯長／張秀環・**編輯**／彭文慧
封面設計／陳文德・**內頁設計**／何偉凱
內頁排版／菩薩蠻數位文化有限公司
製版・印刷・裝訂／東豪印刷有限公司

行企研發中心總監／陳冠蒨
媒體公關組／陳柔彣
綜合業務組／何欣穎

發 行 人／江媛珍
法律顧問／第一國際法律事務所 余淑杏律師・北辰著作權事務所 蕭雄淋律師
出　　版／蘋果屋
發　　行／蘋果屋出版社有限公司
地址：新北市235中和區中山路二段359巷7號2樓
電話：（886）2-2225-5777・傳真：（886）2-2225-8052

代理印務・全球總經銷／知遠文化事業有限公司
地址：新北市222深坑區北深路三段155巷25號5樓
電話：（886）2-2664-8800・傳真：（886）2-2664-8801
郵政劃撥／劃撥帳號：18836722
劃撥戶名：知遠文化事業有限公司（※單次購書金額未滿1000元需另付郵資70元。）

■出版日期：2021年6月
ISBN：978-986-06195-5-3
版權所有，未經同意不得重製、轉載、翻印。

나의 다정하고 무례한 엄마 : 엄마가 준 상처로부터 따뜻하게 나를 일으키는 감정 수업
Copyright © 2020 by LEE NAM OK
All rights reserved.
Original Korean edition published by Life and Page Publishing Co.
Chinese(complex) Translation Copyright © 2021 by Apple House Publishing Company.
Chinese(complex) Translation rights arranged with Life and Page Publishing Co.